メソディストの音楽

——福音派讃美歌の源流と私たちの讃美——

山本美紀［著］

附論 「興行としての宣教——G・オルチンによる幻燈伝道をめぐって」を収録

YOBEL,Inc.

序

メソディスト

「メソディスト」と聞いて、青山学院や関西学院がすぐに思い浮かぶ人は、同校の関係者やキリスト教世界をよく知っている人でしょう。「ああ、ボランティアの元祖だね」「ジュースのウェルチだ」「アメージング・グレイスだよね」「唱歌の元でしょ」などと言う人は、すでに「オタク」の域に達しているといっていいかもしれません。

いま出てきた一つひとつの言葉は、私たちには特別珍しい言葉でも何でもなく、むしろおなじみのものです。それほど、メソディストが生み出した文化の形は、日本に住む現代の私たちの生活になじんでいます。この本は、そんな私たちの身近にある様々な事柄の種をまいたメソディストがどんなものであったのか、その音楽に注目して捉えてみようとするものです。というのも、メソディストは「歌うメソディスト」というあだ名で呼ばれたほど歌をうたう教派で、現在でもその歌は「福音派」と呼ばれるキリスト教プロテスタント教会の讃美歌の中に、その多くが歌い継がれているからです。

キリスト教会では、「讃美する」ことをよく「神への応答」という捉え方をします。伝統的に見ると、それは嘆きであったり、願いであったりするのですが、基本的には文字通り、神の恵みを感謝し褒め讃える、つまり「讃美する」ということです。その点で言えば、神からの恵みがあって、それを感謝するというのですから「応答」というのはあたっています。しかし、キリスト教において「讃美」というのは、決してそれだけの意味ですむものではありません。それは、「信仰告白」であり、信じる神への「訴え」であり、だからこそ時には「戦い」となり、悪意と戦う時の「武器」、あるいは同胞をつなぐ「絆」となるのです。

「歌うメソディスト」である彼らにとって、讃美はまさにそのすべてでした。彼らはみな、事あるごとに歌いました。彼らの讃美歌には、礼拝で歌うことに留まらず、「お茶のとき」の歌、労働の歌、出会った時の歌から、それこそキャンプ・ミーティング（野外礼拝）の時の反対者の妨害に対抗する時の歌までありました。

メソディストがこれほど熱心に歌ったのは、彼らを率いたジョン・ウェスレーが、人々に讃美を歌うことを熱心に勧めたのも原因の一つです。ジョンは、彼らが歌える新しい讃美歌を次々と出版していくだけでなく、その歌い方についても厳しく規定していきました。信徒たちはそれらを煩わしいと思うどころか、それが一種のよりどころとさえなっていたように見えます。何より、彼らは歌によって共同体の一致を、たとえ一人の時でも体験できたのです。

さて、肝心の「メソディスト」ですが、これは英国国教会司祭ジョン・ウェスレー（John Wesley 1703～1791 写真）によって一八世紀より英国で展開された信仰復興運動メソディズム Methodism を推進したグループの名称です。「メソディスト」という呼び名そのものは、サークル活動を行う彼らに対して付けられた、言ってみればあだ名でした。彼らはともに集まり、聖餐式を行い、祈り、自分たちの取り決め通り、几帳面な生活を送りました。そのようにメソッド通りに行う彼らを「メソディスト＝かたぶつ者」と呼んだのです。他にも、彼らの日頃の行動に対して付けられた名称の他に、「ウェスリアン Wesleyan」というものがあります。こちらも、ほぼ同じものを指していますが、ウェスレーの宗教観、信仰的

姿勢をより強調したものであると言えましょう。

メソディストのそもそものはじまりは、オックスフォード大学内でジョンの弟チャールズ・ウェスレー（Charles Wesley 1707～1788 写真）らをはじめとした有志によって始められた、大学内の宗教的サークル活動でした。若者たちの小さな活動が英国の宗教界のみならず、社会的な影響力を持つまでに成長した背景には、産業革命をきっかけとした社会構造の劇的な転換とジョン・ウェスレーの卓越したリーダー・シップがあったと言われています。

それではこれから、メソディストとその讃美について考えるにあたって、メソディストが成長した一八世紀英国の状況を概観する事から始めたいと思います。技術革新を契機とした新しい価値観の下で、人々が何を求めてメソディスト運動に引きつけられたのか。逆に、メソディスト運動はそのような人々にどのように応えたのか。一連の動きの中で、どんな讃美歌が必要とされ、歌われていたのか。さらに音楽が果たしていた役割、あるいは機能は何であったのか、問いは尽きる事がありません。

メソジストの音楽――福音派讃美歌の源流と私たちの讃美

目次

第三章　初期メソディストと音楽　34

第四章　メソディストに反映される時代性　70

メソディストの音楽――福音派讃美歌の源流と私たちの讃美

ウェスレー・チャペル（ロンドン）の看板。なぜか現地のガイドブックには、カトリック教会に分類されている。

第一章　メソディストを必要とした時代と人々

1　メソディストを育んだ社会的背景

ジョン・ウェスレーの生きた一八世紀、英国は「産業革命」という「社会変動」の時代でした。社会生活のあり方の基盤が多様化し、今までの「土地のつながり」によるものとは違った共同体が必要とされていたのです。つまり、「国教会の教区」で分割され理解されていたそれまでの共同体が意味をなさなくなり、それに由来する秩序体系が事実上崩壊してしまったのです。

生まれ故郷から離れ、「労働者」となった人々は仕事を求めて街から街へと移動して行きました。それらの労働者たちを迎え入れるのは、大規模な工場が新たに建てられた田舎でした。もちろんそれは土地があるからです。しかし、そのような田舎は、元来人口が少ないため、一人の司祭が担当する「教区」も信徒数を考慮して大きな範囲となっています。

私たちの現在の生活から、当時の英国教会と生活そのものとの結びつきを想像するのは容易なことではありません。一人の司祭が担当する地域が広いことが意味することは、信徒一人ひとりに「目が行き届かない」ということに留まらず、当時の英国においては洗礼とセットで考えられた住民登録ができない、さらには地域コミュニティーへの参加ができないということなのです。

労働者たちが移動してくる前から、大きな教区では司祭が頻繁に回ることができないので、人々の日々の生活や生まれたり亡くなったりといった冠婚葬祭への監督もままならぬものでした。そこに他の土地からやってきた人々が、新しくできた工場を目指して一気に流れ込むのですから、国教会の地域組織の体系そのものがその状況に対処できず、機能障害を起こすことになります。

結果として、メソディストは一九世紀前半まで、国教会の勢力がそれほど強くなく、組織運営がうまく機能していない、このような地域で成長していくのです(1)。

このような状況と並んで、後の時代に直接的につながることになる、この時代の特有の状況をメソディストはその発展の姿にそのまま反映しています。

ジョン・ウェスレーは、新聞による情報入手やカフェでの自由な情報交換、議論によって市民が政治に間接的に参加する、市民生活の新しい様式が成立する時期に育ちました。これは「公共性」と呼ばれるものですが、現代においては「世論」を味方につけることは、非常に重要な要素であり、あたりまえのことのように思えます。ドイツの学者で「公共性」の概念について初めて言及したハーバーマスは、「政治的機能を持つ公共性は、一七、一八世紀の交に、英国に初めて成立する」[2]と指摘します。

ハーバーマスによると、公共圏に参加するためには「教養」と「財産」が必要だったといいます。この二つを持っているのは、たいてい同一人物です。なぜなら、学校教育というものは社会において一定の地位を持っている者が受けられるものであり、現代のように社会的ステータスを得るための手段ではなかったのです。つまり、社会的な地位を持っていない人が、学校教育をうける可能性も必要性もなかったということです。そして、財産があるからこそ地位を得ているのであり、地位があって財産がないということは考えられませんでした[3]。

しかし、たとえ教育を受けたとしても、当時の初等教育は十分なものではありませんでした。識字率の低さは、この時代の前にあたるエリザベス時代に比べてもひどくなる傾向にあって、中でも大衆のほとんどは文字を読んだり書いたりできなかったといいます。さらに、一八世紀初頭の英国では、生活水準が最低のレヴェルにある割合が過半数であったと言われています[4]。つまり、当時の多くの人々が文字を読めないだけでなく、貧困の極みにある生活をしていたということです。このような人々に「教養」や「財産」などあるはずもなく、まして先に述べた政治的な会話に参加するといった「公共性」など到底望みようもありませんでした。

メソディストは、まさにこの層の人々にむけてなされた伝道と、実状に即した対応によって勢いを増していったと言えるのです。

2 メソディストとなった人々

初期のメソディストの構成メンバーとなった多くは製造業者[5]で、社会的には下層中流階級に属していました。彼らは土地から離れることで、生まれ故郷にいたならばあたりまえであったつながりや、国教会の一元的な支配からも解かれた、いわば「漂う人々」でした。そのような人々にとって、メソディストが提供する行動規範、良心や道徳心は、次第に個人の判断や行動のよりどころとなっていったのです。この「よりどころ」こそ、「メソディスト」と呼ばれるゆえんであり、それをメンバーに浸透させていったのが讃美であると考えられます。

先にも触れたように、ウェスレーは讃美歌集の序文や様々な機会をとらえて、讃美歌の歌い方についての細かな指示を与えています。そこに主張されるウェスレーによる讃美へのこだわりと規定は、当時の人々にとって「しばり」となるよりもむしろ、信徒として彼らの共同体意識を支

ウェスレー・チャペル。地下には、ウェスレー兄弟やメソディストの指導者たちの博物館がある。

える要素となっていました。なぜなら、そこには目指すべき事柄と、それに到達するためにどのようにすればよいのかが明確に指示されていたからです。それはそのまま、新しいコミュニティーのメンバーとして、どのようにふるまえばよいかを暗示してくれ、さらに自分たちの生活を秩序づける指針にも応用できるものでした。

社会構造の激変によって「土地」という絆から切り離された人々であったメソディストは、何よりも共同体とその一員であるという所属意識、ひと言で言うならば「居場所」を必要としていました。宗教的信念と実践のお手本を示してくれ、その実践を通して「共同体の一致」が実感できるメソディスト運動に、彼らは強く惹かれていったのです。一時期、メソディストはその参加がチケット制になりましたが、彼らはメンバーの証しであるこのチケットをまるで「お守り」のように大切にしていたといいます。なぜなら、土地の縛りから解き放たれた代わりに仕事を求めて渡り歩く移動労働者にとって、それは新しい共同体への切符であり、その一員であることの象徴であり、故郷の代わりに手に入れられた新しい居場所であったからです。

そして、このような共同体の一致を実感する場が共に歌う場である「集会」や「組会」でした。同時にそれは、自分たちの宗教的信念を表明・確認し、実践する場でもあったのです。

3　メソディストがつないだもの

専門家の間ではよく知られていることではありますが、ジョン・ウェスレー自身は、終生英国国教会の司祭であったことは、ここでも改めて確認しておきたいと思います。メソディストがプロテスタントの一派として国教会から独立したのは、ウェスレーの死後のことです。つまりメソディスト運動は、はじめ英国国教会の改革運動の位置を占めていたのです。実際、ウェスレーは自らが導く集会と、それに参加する人々が所属する教会のスケジュールとが重ならないよう、配慮していたといいます。しかし彼自身は、様々な反対勢力によって、英国国教会から説教を禁止されていた身でした。

実際には、当時の英国社会の宗教領域図において、メソディストは「公的宗教」と「民衆宗教」という二つの領域にまたがる位置にありました。この時の「公的宗教」とはもちろん「英国国教会」であり、「民衆宗教」というのはそれに含まれないもののことです。それらの中には、単に非国教会というだけでなく、キリスト教的な要素を含む土着・民間宗教的な信仰と実践も含まれます。これはそのまま、きちんと整理され体系づけられたエリート的社会と、教育もままならない民衆社会という二項対立があったことを意味するものであり、この接点にメソディスト運動があったことを示すものです。これは、オックスフォード出身のエリート神学者（司祭）としてやっていけた筈のジョン・ウェスレーが、メソディスト運動において率いていったのが地方出身の「労働者階級」であったということが、象徴的に表しているとも言えるでしょう。

実際、「エリート（信仰）対民衆（信仰）」という構図は、メソディストの発展とともにさらに推し進められて行き、結局両者の勢力の境界線をメソディストは曖昧なものにしてしまいました。当時の英国社会においてメソディストたちは、信仰においてもその実践においても、国教徒であって国教徒ではなく、非国教徒であって非国教徒でない、非常にわかりにくい人々でした。このように、様々な面において生まれた当初から相反する要素が同時に存在していたメソディスト運動

を、ある人は「ポリフォニック＝多声音楽」的と評します。(6)

第一章　メソディストを必要とした時代と人々　注

（1）山中は著書の中で、一七六一年から一八三一年までのウェールズ地方の人口の推移を表に挙げ、人口分布の重心の変化（地域によって、四一％〜八％の増加率）を示している。それによると、「南、東部から北、西部への人口の重心の移動は、――中略――伝統的に国教会の組織が弱体である地域への人々の流入を意味」し、以前から比較的高い人口密度に達していた伝統的な農業地域とは違い、人々が他の地域から流入しやすかったということである。（山中、一九九〇、三二頁）

（2）ハーバーマス・ユルゲン『公共性の構造転換――市民社会の一カテゴリーについての研究――』細谷貞雄、山田正行訳、一九九四年五月、未来社、八六頁。

（3）同前、一一六頁。

（4）同前、五八頁。

（5）山中によると、一九世紀前半までのメソディストたちの職種は、職人層が多く六二・七％を占めており、彼らは「大工、洋服屋、製革工、石工などの社会的地位の高い独立した熟練職人よりも、その下位に属する織工や紡績工、さらに編物師や釘製造工などの職人層が占め」ており、それはウェスレーの日誌の記述にも合致するという（山中、一九九〇、四一頁）。

（6）「ウェスレーを教会史の中でどう位置づけるかについては、専門家の間でもずいぶん議論がありますす。――中略――しかし、ウェスレーの中にはいろんな流れが入り込んでいて、それが結果的にはウェスレーをある意味でわかりにくくしているのです。」（山内、二〇〇四、四頁）

アルダスゲート通りの看板

第二章　メソディスト讃美のルーツとウェスレーの宗教体験

ジョンは「讃美」に、また「讃美歌を歌うこと」にこだわりました。その結果、メソディストは特徴的な讃美活動を展開する事となったのです。ジョンの「讃美歌を歌うこと」への執心は「信仰の応答だから」といった、一般的な見解だけで片付けられるものではありません。彼は自分に従う信徒たちを導いていくために「讃美を歌うこと」を必要とし、信徒たちもまた「共に歌うこと」を必要としていました。それは、ジョンに自身に「讃美を歌うこと」を契機とした信仰の体験があったためと考えられます。

1　メソディストの讃美歌の二つのルーツ

初期のメソディストと呼ばれた信徒たちの讃美のルーツには、二つあるとされています。一つは「歌の時間 Singstunde」と呼ばれるモラヴィア教徒の讃美、もう一つは「古来の歌唱法 old way of singing」と呼ばれる一八世紀後半の英国国教会教区での詩編讃美です。

この二つはいずれも、ジョンの宗教的体験に寄り添うものです。

1「讃美の時間 Singstunde Singing Time」

モラヴィア教徒というのは、一四世紀末、現在のチェコ共和国東部のモラヴィア地方と呼ばれる場所に起源を持つ信仰のグループです。東部モラヴィアと中西部ボヘミアからなるチェコは、音楽的・文化的に非常に豊かな伝統をもつ国です。今日でもよく演奏され、教科書にも載っている《モルダウ》という作品やその作曲者のスメタナ、あるいは《新世界》と作曲者のドヴォルザークという名前をご存知かもしれません。彼らはチェコの出身で、国民楽派と分類上言われるように民族的要素を用いて作品を作ったことで有名です。独特の節回しをもったその旋律は、現代の私たちにもエキゾチックに響くのではないでしょうか。

モラヴィア教徒と呼ばれる人々は、政治的な思惑もあって異端とされ、何度も迫害を受けて流浪の民となります。彼らはウェスレーの生きた時代には、ドイツにあった自分の領地内にモラヴィア教徒の入植を許したツィンツェンドルフ伯爵（Nikolaus Ludwig von Zinzendorf, 1700

〜1760（写真）によって、現在に続く発展の糸口をつかみました。ウェスレーはモラヴィア教徒との親密な交際もあって、ツィンツェンドルフ伯爵に実際に会いに行っています。しかしこの会見は、両者によい印象を残しませんでした。その理由は専門書に譲るとして、彼らの働きは「ローズンゲン」など、現在も世界に展開されています。

さて、一八世紀のモラヴィア教徒の音楽のスタイルは、その源流の一つである一五世紀の「ボヘミア兄弟団」の伝統から来ていました。ツィンツェンドルフ伯爵にとって讃美することと「讃美の時間」は、信仰生活において最も重要なものであったといいます。なぜなら、讃美は熱心で敬虔な信仰の現れであり、会衆の霊的な調子を測れるとするからです[1]。

余談ではありますが、「ボヘミア兄弟団」の影響として私たちの生活と関係が深いのは、現代の学校教育です。近代教育学の父と呼ばれるヨハン・アモス・コメニウスは、ボヘミア兄弟団の出身で、現代日本のスタンダードである「同一年齢・同時入学・同一学年・同時卒業」などは彼の考えが元になっています。彼の両親も兄弟団のメンバーで

あり、彼は兄弟団の学校で教育を受けました。さらに大学で学んだ後に、兄弟団の教師として、チェコにおける兄弟団迫害の時期、信徒を力づけたといわれています。すぐれた教育者を育んだ土壌に、「兄弟団」という共同体独特の教育方法があったことは特筆すべき事柄でしょう。

いずれにしても、モラヴィア教徒の讃美はルター派に倣い、礼拝において合唱やオルガン、あるいは他の楽器も用いてなされるものでした。実際、ドイツの音楽文化とチェコの音楽の伝統が結びついた彼らの讃美は、どちらかというと抑揚を抑えたアンセムで育ったウェスレーにとって強い刺激となったにちがいありません。ウェスレーは彼らの「讃美の時間」(2)に強く心を動かされ、その讃美歌（歌詞）と旋律（Tune）は、後にウェスレーによって、英国の福音派の讃美の主流に取り入れられていったのです。

2 「古来の歌唱法 old way of singing」

次にメソディストの讃美のもう一つのルーツ、一八世紀後半の英国国教会教区での詩編讃美に注目してみましょう。

アメリカ在住の教会音楽の第一人者であるヤング博士（Young, C）は、「アルダスゲートの回心」

の前後、英国国教会の讃美の習慣において「アンセム」がウェスレーの心に影響を与えたことを指摘しています。

この「アンセム」は、国教会では普通朝課と晩課で歌われるもので、中世カトリック教会の「モテット（モテトゥス）」に似たものです。モテットという形は、もともとある聖歌（グレゴリオ聖歌）に、歌詞の内容を説明する歌詞を別声部として付け加えたものを言います。このモテットは、かつてパリを拠点とするノートルダム楽派で発達したため、後には既存の聖歌部分はラテン語、モテット部分はフランス語という、多声部・多言語の独特な形をとるものとなりました。

もちろん、ウェスレーが歌っていたのは、英語によるものです。ヘンリー八世治下（一五三四年、Henry VIII of England, 1491〜1547 写真）、「首長令」によって事実上ローマ・カトリックから分離した国教会は、エリザベス一世の時代に強化されて今日に引き継がれてきました。国教会の中でも厳格な「高教会派」に属していたウェスレーは、そのような、国教会内の伝統的なアンセムを（日曜日だけでなく）日々の礼拝の中で、幼い頃から歌い育っていたのです。

2　ウェスレーの宗教体験と讃美

ジョンが讃美の力を目の当たりにしたのは、一七三五年、北米への船中シモンズ号の海難の時でした。ジョージア伝道にむけ一〇月四日に出発したものの、途中何度もひどい嵐に遭遇したのです。しかしそのような嵐の中で、同船していた二六名のモラヴィア教徒たちは、一心に讃美を歌っていました。ジョンは彼らの姿に深く感動し、彼らと話をするためにドイツ語の文法を習い、また彼らの讃美歌『フライリングハウゼン讃美歌集 Freylinghausen Gesangbuch』を学ぶようになりました。(3) ジョンは、彼らの母国語であるドイツ語で歌われる歌詞の内容がすべてわかるというのではありませんでしたが、それらの讃美が、彼らの内なる平安に繋がっていることを確信したのです。(4)

一方、幼い頃からなじんだアンセムは、メソディスト誕生の発端となったウェスレーの信仰覚醒体験である、いわゆる「アルダスゲートでの回心」に関わるものです。

ウェスレーは一七三八年五月二四日の朝、セント・ポール大聖堂でのミサで、詩編一三〇編によるアンセムを歌ったといいます。その日の夕べ、アルダスゲートでもたれたモラヴィア派の

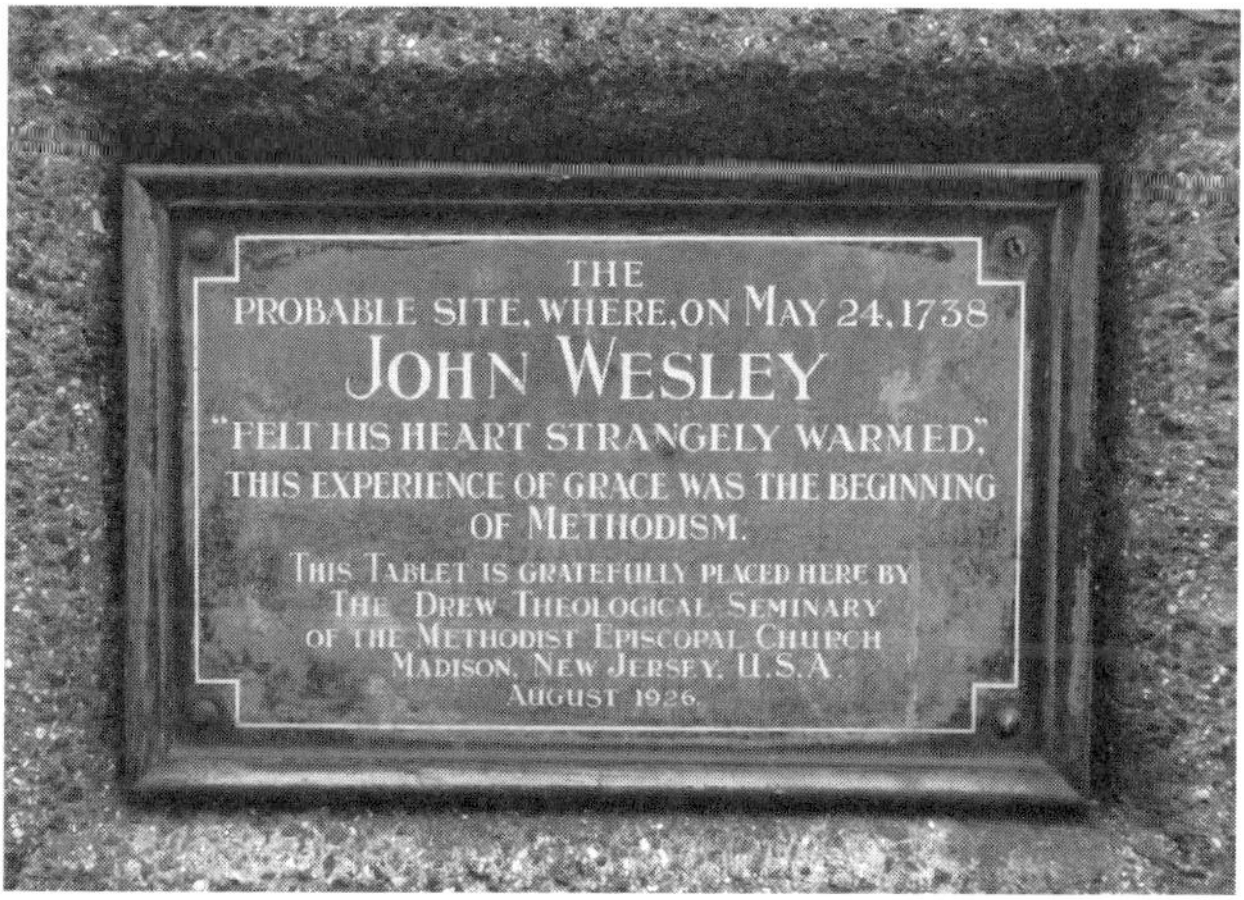

ジョン・ウェスレーが「不思議に心が燃える」のを感じた場所には、今このプレートがひっそりとある。

集会に参加し、劇的な「アルダスゲートの回心」のときを迎えることとなります。そして翌二五日の午後に、彼は再びセント・ポール大聖堂に赴き、どの旋律で歌われたのかは記録に残っていませんが、アンセムで詩編八九編にふれたのでした。

ここで注目されるのは、アルダスゲートでのウェスレーの回心における「ただキリストへの信頼」と「罪からの完全な自由の確信」が、当日の朝に歌われたアンセムに始まり、翌日の礼拝でのアンセムによって完成する、ウェスレーの一貫した讃美（詩編）と捉えられることです。言い換えるならば、ウェスレーの回心への路は詩編歌によって整えられ、最後には詩編歌の讃美へと、彼自身の現実を内包し結実したと考え

現代のアルダスゲート通り

られるのです。

詩編一三〇編は、

　深い淵の底から、主よ、あなたを呼びます。

との神への呼びかけから始まり、

　イスラエルよ、主を待ち望め。……
　主は、イスラエルをすべての罪から贖ってくださる。

との信頼の言葉で結ばれます。その後アルダスゲートで行われた集会で、ウェスレーは「私はキリストにのみ信頼した。主が、この私の罪や死の律法から救ってくださったのだという確信が与えられた」と自身の日記に記します（Wesley 1988, 249n）。

そして翌日の礼拝で歌われた詩編八九編では、

　主の慈しみをとこしえにわたしは歌います。
　わたしの口は代々に

あなたのまことを告げ知らせます。
と、罪と死からの解放の喜びを歌うのです。

これは神様の御計らいなのでしょうか。「アルダスゲートの回心」は、モラビア教徒たちとの出会いをもたらしたジョージア伝道に失敗し、ウェスレーが夜逃げ同然で逃げ帰ってきた直後の出来事でした。ウェスレーの暗い心を語る言葉が、古からの詩編歌であるアンセムの中にすでにあったのです。それは彼にそっと寄り添う友のようなものであったかもしれません。彼にとって詩編、そしてそれを歌う讃美は神への応答と同時に、直接的な神の慰めとなり、同時に神と近づく具体的な方法として、自身の体験に基づく実感あるものとなったと考えられます。このような経験を経て、回心後のジョンが真っ先に手をつけたのが、讃美歌の編集と制作であり、これがその後も長く続けられ、最も実りある働きをすることになるのです。

第二章　メソディスト讃美のルーツとウェスレーの宗教体験　注

（1）Young, C., 1995による引用。原書はBlume, F. Protestant Church Music, 1974 New York: Norton, pp. 600-601.

（2）Singstunde の英語訳については、直訳である singing time の他に、singing meeting, singing hour などが用いられている。その時間のもたれ方が名前に反映されているものと考えられる。

（3）ジョンによるモラビア教徒たちの「讃美の時間」についての記述は一〇月一九日付の日記から始まり、その後旅が終わるまで何度も記されている。また、讃美の練習は一〇月二七日から始められた（Young 1995, 34）。

（4）Kimbrough Jr., S.T., ed. 2007. Music and Mission: Toward a Theology and Practice of Global Song. Cokesbury Nashville, U. S. A, pp. 41-43

教会横にある、ジョン・ウェスレーの住居。今はウェスレーの当時の生活の様子を見学できるようになっている。

第三章　初期メソディストと音楽

「メソディストと讃美」というテーマを語る際に、いつも引き合いに出されるエピソードがいくつかあります。中でも、一七八七年にヴィンセントという学者が語った「説教に魅せられて英国国教会から離れた人一人に対して、一〇人が音楽に魅せられた」[1]との言葉、また「メソディスト教会は偉大な音楽家を誰も生み出していない。優秀な人たちはこの教会には残らなかった」[2]という言葉は有名です。一見相矛盾するものと思われるこの二つの言葉は、どちらも事実です。

二〇〇七年はジョンの弟チャールズ・ウェスレー生誕三〇〇周年記念の年でした。そのためメソディスト系の教会のみならず、彼にちなんだ様々な音楽をからめた記念行事が各地でもたれました。確かにチャールズの作った詩は非常に音楽的であったと評されますが、彼は讃美歌の旋律を作曲したわけではありません。

裕福な階級の女性と結婚した彼の自邸には、パイプオルガンやチェンバロが設置され、音楽のサロンが定期的に開かれていたといいます。そこでは彼の息子たちも二重奏やソロ・コンサートを開き、チャールズの日常は音楽的に豊かなものであったことがうかがえます。

チャールズは信仰を持って生きる日々の生活から、あらゆる瞬間を詩に起こしました。その数は、生涯で四〇〇〇とも六五〇〇とも言われます。数字に開きがあるのは、チャールズが小さなメモや手紙の端など、あらゆる紙やスペースに詩作をしたため、どのレヴェルまでを「詩」として認めるのか、研究者たちの間で見解が分かれているからです。また、チャー

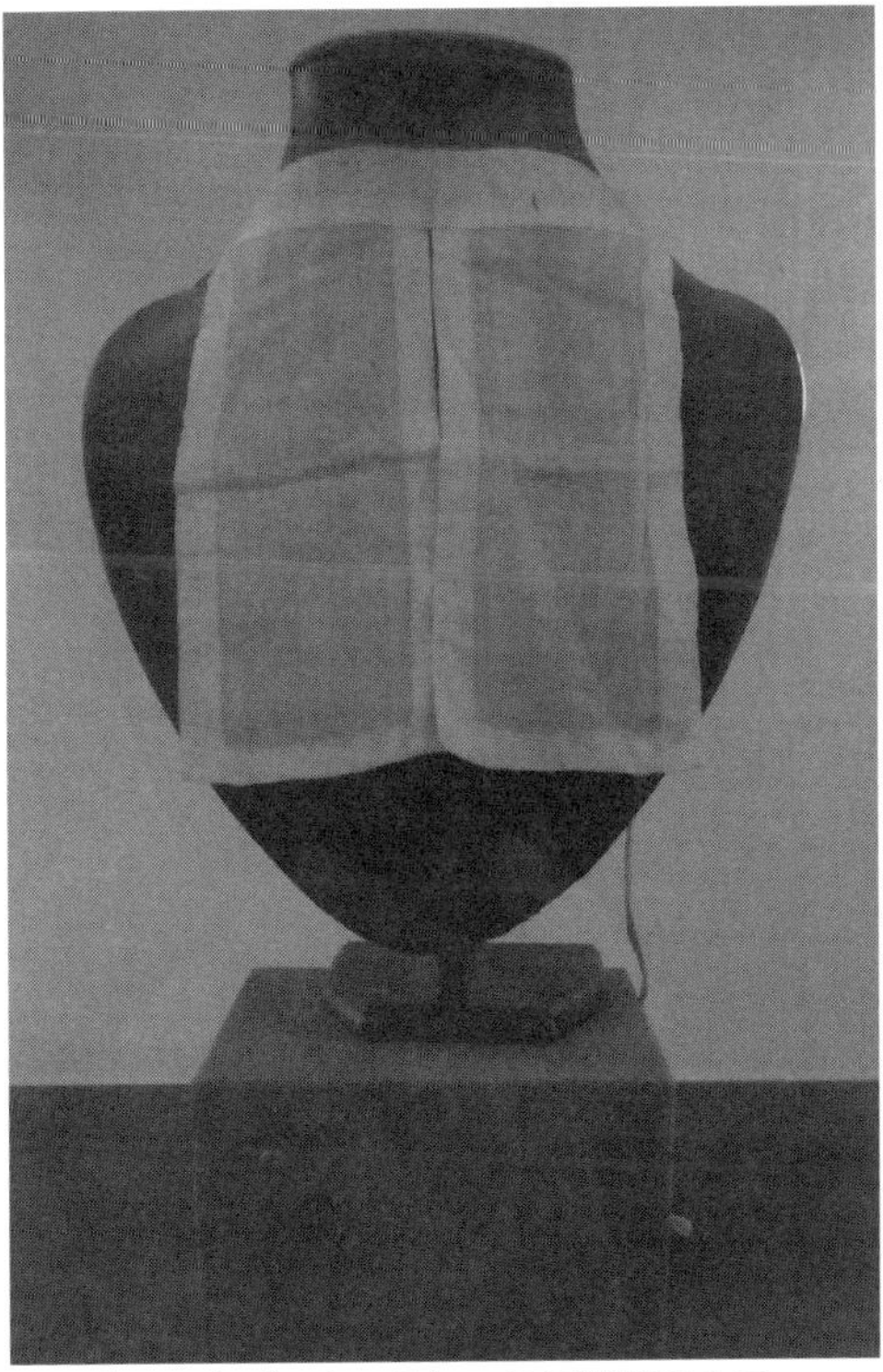

チャールズ・ウェスレーの司祭服のカラー
（ウェスレー博物館蔵）

ルズの作である、あるいはそうではないといったような、作詞者の特定できないものも多いのです。いずれにしても、初期のメソディストたちがあらゆる場所で讃美した背景には、チャールズの湧き出る詩の泉があった事は間違いありません。

一方、チャールズの二人の息子チャールズ（長男）とサミュエル（次男）、またチャールズの孫のサミュエルが一九世紀英国の有名なオルガニストであり作曲家であったことから考えると、後者の「メソディスト教会は偉大な音楽家を誰も生み出していない」との指摘は外れたもののように思えます。しかし、彼らは国教会の中で職を得たり、カトリックに改宗したりなど、結局今日言うような「メソディスト」ではなかったのです。

また、先にも述べたように、ジョンもチャールズも、死ぬまで国教会の司祭であり、国教会からの分裂を厳しく戒めていました。ですから、厳密に言うならば「初期の」メソディストの音楽とは、国教会の教会音楽の一派の音楽を指すことになります。

さらに、チャールズの多くの詩を編集し、時には流行歌に乗せてでもメソディストの信仰に取り入れていったのが、兄ジョンでした。チャールズの詩の研究者である馬淵氏が「彼〔チャールズ〕の作品は確かに『メロディー豊か』なものである。しかし、讃美歌がまだ読むものとの考えが残っていた時代にチャールズは生きていた。メソジスト派の会衆讃美に独自性をもたらしたのは、曲ではなく彼が作詩した讃美歌にこそある」[3]と言うように、「メソディストのために」作曲されたオリジナルの作品というのは、後の時代になってからです。多くは、宗教界に限らず、それまで様々な場面で歌われてきた旋律を引用する事で初期の讃美は成り立っていました。この点も「メソディストの音楽」として語りだすことを躊躇させる点であり、この場合はむしろ、「メソディストの音楽文化」あるいは「音楽への姿勢」を語るものと言った方が適切なのかもしれません。

1　初期メソディストの讃美歌への姿勢

後にメソディスト呼ばれるようになる共同体の、一致した体験として共有できるようにするため、ジョン・ウェスレーが行った弟チャールズの詩への編集は、かなり大胆なものであったことが知られています。それは例えば、チャールズの個人的な体験を歌った詩の場合、思い切ってカットしたり、言葉をすっかり換えてしまったりというものでした。

そのような編集作業があったからこそ、メソディストの多くの讃美歌が、その後教派を越えて歌い継がれるものに成長していったとも言えるでしょう。ウェスレーはさらにそれらの詩を、流行歌やオペラといった当時の人々に人気のある曲にのせていったのです。

ウェスレー家系図

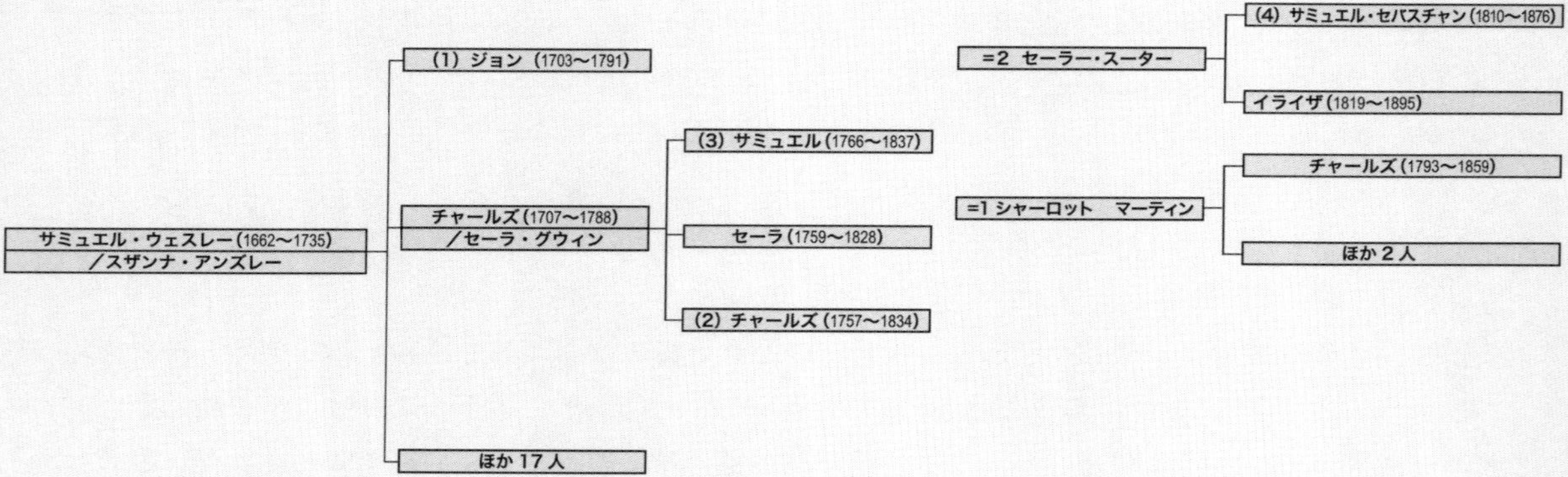
サミュエル・ウェスレー(1662〜1735)
／スザンナ・アンズレー
(1) ジョン (1703〜1791)
チャールズ(1707〜1788)
／セーラ・グウィン
ほか17人
(3) サミュエル(1766〜1837)
セーラ(1759〜1828)
(2) チャールズ(1757〜1834)
=2 セーラー・スーター
=1 シャーロット　マーティン
(4) サミュエル・セバスチャン(1810〜1876)
イライザ(1819〜1895)
チャールズ(1793〜1859)
ほか2人

もともとは別の歌詞がつけられていた旋律の上に自分の歌詞がのることを、チャールズは「世俗の恋人を略奪する」と言ったと伝えられています。(4) これらの事を通し、結果的にウェスレーは「信仰に関する歌が形式的であったり、時代遅れで退屈であったりする必要はないのだ(5)」ということを示したのです。

メソディスト運動を教育的な側面からとらえた論文では、ジョン・ウェスレーは讃美歌を歌うことの重要性を、会衆と歌うことを通して実感していったと分析します。(6) つまり、一心に讃美する信徒たちの姿を通して、ウェスレーは「讃美すること」それ自体が持つ価値を、信徒たちが知ったと確信するに至るのです。(7) その重要性は、祈りと会話の重要性とともに彼の日記に繰り返し言及されています。そのような信徒たちのためにウェスレーは、「歌うべき讃美歌」というだけでなく、「歌える讃美歌」を次々と提供して行きました。実に、二三冊の讃美歌集が出版されましたが、その多くは歌の説明にとどまらず、会衆讃美として全員で「歌うこと」そのものについての指導も含むものでした。

例えばウェスレーは、『聖なる調べ Sacred Melody』の序文に、メソディストにおける讃美の意義とともに、その基本線を以下のように示しています。

①　他の種類の「Tune」を学ぶ前に、まずここにあるものを先に学びなさい。
②　ここに書かれているように歌うこと。
③　みんなで歌いなさい。
④　元気に、勇気を持って歌いなさい。
⑤　品格をもって歌いなさい。
⑥　テンポを守りなさい。
⑦　何よりも霊的に歌いなさい。

「元気に、勇気を持って歌いましょう」というのは、ぼそぼそ自信無さげに歌う会衆がいたからでしょうか。しかしその一方で「謙遜に歌うこと。調和を重んじ、わめくような歌い方をしない」、「テンポを守ること」という項目があるということは、感情のうねりに流されて歌ってしまう会衆がいたのかもしれません。

さて、初期のメソディストたちの多くが、「労働者」として仕事を求めて移り住む人々であっ

馬上のジョン・ウェスレー

たことは先にも述べました。現代と同じように、技術革新によって、古い時代の考え方が通用しなくなり、社会の構造は激動の時代を迎えつつありました。新しい階層として「労働者階級」が登場し、彼らはそれまで住んでいた田舎の土地から切り離され、ハーレムを形成していきます。教会も、この事態をどのように受け止め、彼らをどのように受け入れたらよいのかわかりませんでした。見知らぬ土地で心細い彼らは、少ない賃金を、淋しさを紛らわせるお酒に変えて飲み干しては喧嘩をする、希望のない日々を送っていたのでしょう。

そのような人々のもとに、ウェスレーは自ら出かけていって福音を伝えていきました。馬上のウェスレー像（写真）は、彼があちこちに出かけ、福音を述べ伝えた象徴として有名です。[8]

もちろん、そこには説教だけでなく、讃美も共にありました。ウェスレーは、上記の指示③に示された「みんなで歌いなさい」の後に続けて「すべての人が歌うことによって礼拝の務めを果たし参加すること」と記し、讃美を歌うことが礼拝における会衆の務めであると位置づけていました。それらの指示は、彼が讃美の明確な方向性を持っていたことをよく示したものでしょう。[9]

2 ウェスレーの讃美へのこだわりと戦略

会衆が共に讃美する時、ウェスレーが最も大切だとしたのは、「神様を喜び、歌っている内容を理解し、霊的に歌うこと」でした。そして、その体験を通して会衆の心と魂を穏やかに整え、互いを共同体として強く結びつけることを目指したのです。[10]

ウェスレーは讃美の内容や旋律（Tune）の組み合わせを考える際に、伝道方法としてはっきりとした戦略を持っていました。ウェスレーやメソディストにとって「讃美をする」ということは、礼拝において説教を単に補強したり、家で歌ってメッセージを思い起こしたりするためだけのものではなかったのです。牧師が行けない場所や、説教できないような場所にも、福音を持ち込む意味がありました。[11]つまり、讃美とは説教そのものであったのです。

そのため、ウェスレーはそれぞれの讃美歌の歌詞の、最後の部分を非常に大切だと考えていました。なぜなら、その部分が最も感情に訴えかけることができ、その人の日常がどのようなものであろうとも、生活においても、礼拝そのものにおいてもよい影響を与えると考えていたからです。[12]

一方、メソディストの伝道活動において特徴的なものの一つに「キャンプ・ミーティング」と呼ばれる野外伝道集会がありますが、その際にも讃美は重要な役割を担っていました。ウェスレーは野外の集会において、単純なメロディーにのせ、聖書的な表現（神の平和 peace や救い salvation、喜び joy、十字架 cross など）に力点をおいた歌を何度も繰り返して歌わせたと言います。

この手法は、いわゆる「リバイバル」と呼ばれる信仰刷新運動の礼拝方法として理解されており、[13]現代でもいくつかの教派の集会でよく用いられる方法でもあります。このやり方で一時間半も歌うと、人々の心はリラックスし、新参者も一体感に包まれます。会衆の心は説教者が考えていた方向に導かれる準備が整い、一種のコントロール下にある、効果的な集団体験を演出することができるのです。

同時に、当時の流行歌を旋律に用いたり、単純な歌詞であったりすることは、覚えやすいと同時に歌いやすく、当時の人々にとっては歌う楽しさを感じられる聖歌として受け入れられたこ

ジョンとチャールズの説教壇
（ウェスレー博物館蔵）

とでしょう。難しい説教を長々と聴いたり、文字を読んだりすることが難しい人々にとっても、歌であればいくらか理解も容易になったことは想像できます。ウェスレーが歌い方にまで踏み込んで指示を与える目的は、歌いやすい歌詞、叙情的なメロディーにのって、陶酔型に陥りやすい集団体験の中で、敢えて歌われる内容への注意の喚起でもあると考えられます。

実に、初期のメソディストと言われた人たちは、会合でも、家庭でも、仕事場でも、お茶の時も歌いました。多様なシチュエーションに合わせ、様々な主題の聖歌が作られました[14]。そのようにして、メソディストは日常的な場面と心情、体験を共有し、時間的・空間的空白を埋めることに成功したのです。さらに讃美は、聖日（日曜日）と聖日とをつなぐ橋渡しとなって週日をつなぎ、メンバー同志の共同体としての認識を醸造していきます。

このような考え方をするようになったのには、ウェスレーが当時のエンターテインメントに対する興味があったという影響が考えられます。ある時彼は、村の広場などの野外で行われる「レスリング」や「熊使い」や「闘鶏」といった出し物が、一定の形式を踏襲していることに気付きました。興行する者たちは、歌や口上で人々を惹きつけ、立ち止まらせ、お客が集まってくるまでその芸を披露しません。

ウェスレーは、最初の野外伝道で讃美に重要な役割を与えて以来、この方法をとる事にしたのです。つまり、それが市場であろうとどこかの広場であろうと歌い、讃美で人々を立ち止まらせる方法をとりました。それまで、教会に行っても、ダラダラと続くだけで、あまり何が歌われているのかわからない聖歌を聴いていた人は、驚いて立ち止まりました。聞き慣れた音楽にのって、福音がはっきりと聴こえてきたからです。やがて人々は立ち止まるだけでなく、共に歌うようになり、メッセージを聴き始めたのでした。(15)

3　メソディストと讃美の四つの基本ポイント

キンブロー博士（Kimbrough Jr.）による『音楽と宣教 Music & Mission』において展開されている「グローバル・ソング Global Song」という理論では、一八世紀のウェスレーたちの実践活動の姿勢を、四つの基本となるポイントにまとめています。それらは、讃美に対するウェスレーの考え方の核となる部分を検討したものとして興味深いものでもあります。解説とともに、メソディストの伝統において、讃美というものがどのようなものであったのか、ここで整理してみましょう。

1　信仰の歌は、一つの文化と一つの文化を霊的な力でつなぐ「かけ橋」である。

これは、先ほども言及した一七三五年の船難に由来するものと考えられます。嵐の中で聖歌を歌うモラヴィア教徒のドイツ語の讃美を聞いた時、ウェスレーは言葉を完全に理解できていたわけではありませんでした。しかし異文化の言葉と音楽に、心の奥深くにある神への信頼感が込められていることを、言語を超えて理解することができたのです。このことから、旋律と詩によって、まったく違う文化を持った者同士でも、理解しあうことができ、一致することができるとしました。

2　異文化の中で育った信仰の歌は、その独自性と共に、近づきやすくまた利用しやすくするべきである。

一七三七年の『詩編歌と讃美歌集　A Collection of Psalms and Hymns』で、ウェスレーは六つの韻律と六つの音律で歌を統一しました。これはウェスレーが、「たとえ理想的な形でなかったとしても、共同体としての一致を高める歩み寄り（妥協点）を見出すことが何よりも大切だ」と理解していたためだと考えられます。

3　音楽の収集と作曲、また歌詞の編集に対しては、絶えず注意を払う。

その一方で、ウェスレーは絶えず、最もよい音楽（旋律）と歌詞の組み合わせを生涯探し続けていました。これは、歌われる内容と旋律によって引き起こされる感情的なものが、ウェスレーの望む理解や結果を導き出す手助けとなるためでした。

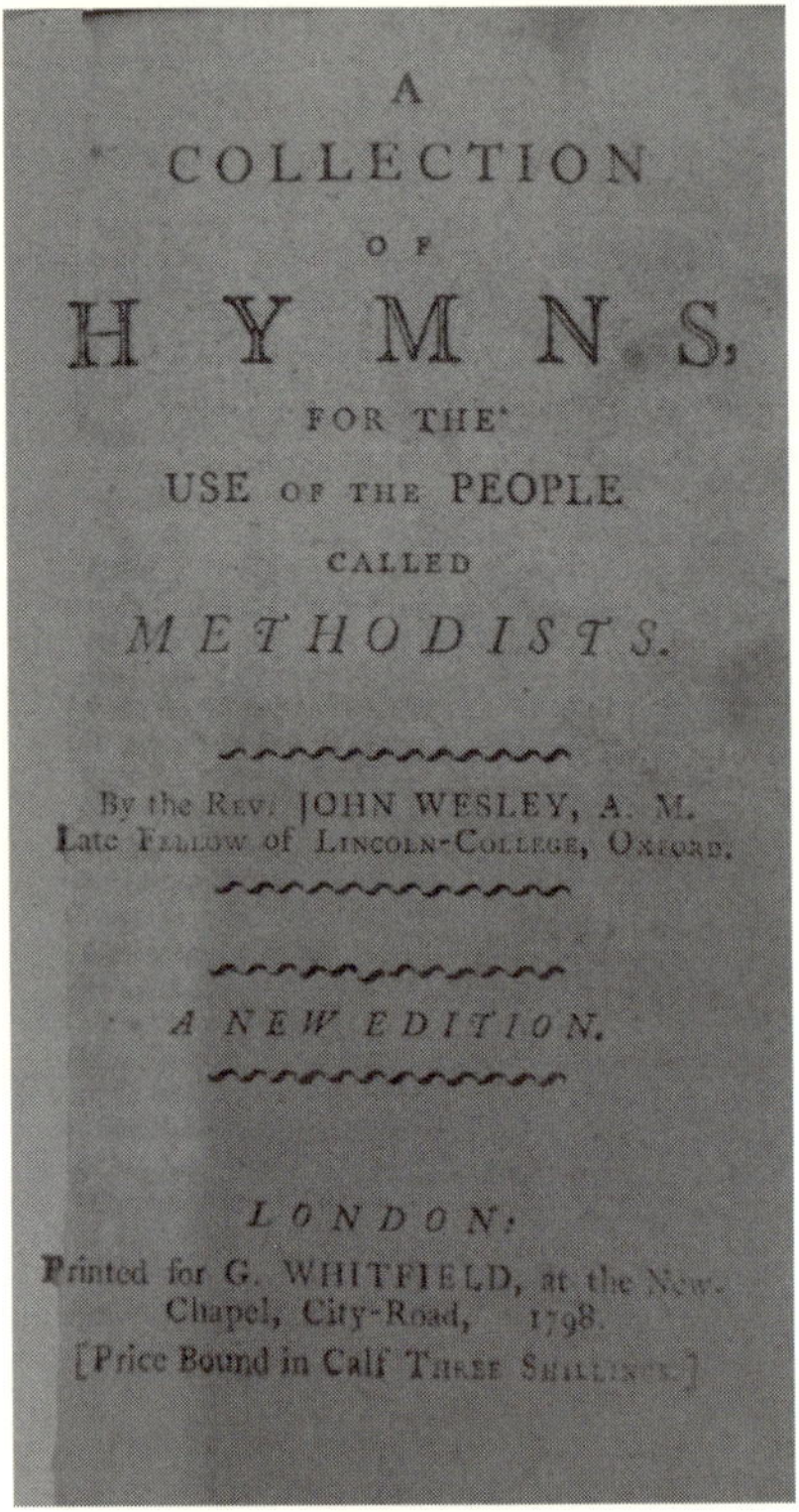
A
COLLECTION
OF
HYMNS,
FOR THE
USE OF THE PEOPLE
CALLED
METHODISTS.

By the Rev. JOHN WESLEY, A. M.
Late Fellow of Lincoln-College, Oxford.

A NEW EDITION.

LONDON:
Printed for G. WHITFIELD, at the New-Chapel, City-Road, 1798.
[Price Bound in Calf Three Shillings.]

「メソディストと呼ばれる人々のための讃美歌集」表紙
（メソディスト・コレクション蔵）

④　讃美歌の中では、神学と信仰の表現は意図的であるべきである。

弟のチャールズは、一七八〇年『メソディストと呼ばれる人々のための讃美歌集 A Collection of Hymns for the Use of the People Called Methodists』において、教会暦を反映させることで、讃美を信仰の本質と行動（体験）を備えたものとしました。これにより、個々のクリスチャンの信仰の「記憶」を共同体の「記憶」とし、礼拝と個人の日常生活とを結びつけたのです。

このように、異文化的要素を取り入れる一方で、生活に密着した讃美をウェスレーたちが必要としたのは、信仰の歌の記憶が「会話（対話）を引き出す」とウェスレーが信じていたからだ、とキングロー は指摘します。信仰の記憶は、

①　三位一体の神への讃美を引き出し、

②　クリスチャンの声を一つにし、

③　日常生活において個人あるいは共同体を、調和した全人格的な表現へと導いていく

とウェスレーは考えていたといいます。(16)

4　チューン（旋律）の選択

ウェスレーはそのような「歌われる詩」につける旋律を、どのように選択していったのでしょうか。後から見るように、ウェスレーは様々な背景をもつ旋律を大胆に採用していきました。しかし、ウェスレーはオペラの歌い方で聖歌や詩篇を歌うということまで受け入れたわけではありません。

例えば、オペラでは二人の歌い手が、違う旋律を違う歌詞で同時に歌いあう部分があります。このようなことに対しては、「常識はずれ」で「公的な礼拝で行われる下品な戯れ事」であり、「バ

A
COLLECTION
OF
TUNES,
Set to MUSIC,
As they are commonly SUNG at the FOUNDERY.

LONDON:
Printed by A. PEARSON, and fold by T. HARRIS, at the Looking-Glass and Bible, on London-Bridge; T. TRYE, at Gray's-Inn-Gate, Holborn, and at the Foundery, near Upper-Moorfields. MDCCXLII.

「ファウンダリー・コレクション」表紙
（メソディスト・コレクション蔵）

カバカしい神への冒流である」と容赦なく批判します[17]。流行歌を用いるということは、そのようについ歌ってしまう危険性を常にはらんでいました。だからこそ、彼は旋律の選択や、歌詞の編集に絶えず注意を払い、同時に、会衆に対して『聖なる調べ』の序文にみられる厳格な歌い方の指示を与えていたのだとも考えられます。実際、「メソディストの音楽は甘ったるく感傷的なものが多い」という評価は昔からありました。

ウェスレーの業績のリストには、音楽的業績として五つの楽譜付きの聖歌集があがっています。[18] そのうち、いわゆる「ファウンダリー・コレクション」とよばれる『ファウンダリーでいつも歌うための楽譜つき旋律集』は、最初に出版されたものであり、四二曲のチューン（旋律 Tune）が収められています。一つ一つのチューンについて、どこからの引用なのか以前から音楽的ルーツ[19]探しがなされていますが、研究が進むにつれ、音楽的な誤りが多数指摘されています。[20]

18世紀のファウンダリー教会

ウェスレーが出版した楽譜付きの聖歌集の比較検討により、『ファウンダリー・コレクション』はウェスレーにとっては、試験的なものであったと考えられます。[21] それらは、音楽的な多くのミスが確認されるにもかかわらず、多様な詩の韻律にふさわしい曲を選ぶ、彼の確かな才能を示すものであると評価されています。[22] 含まれているチューンのうちいくつかが、現在でもメソディストやそれ以外の教派の讃美歌に採用されていることは、その一つのよい証拠であると言えるでしょう。

さまざまな背景を持つ『ファウンダリー・コレクション』に収録されたチューンのうち、その一例を以下に記します。

〈譜例1〉 Amsterdam（Lightwood 1935, p. 24）

おそらく、ドイツ・コラールからの引用と考えられています。原典は未確認のものです。

〈譜例2〉 Jerico Tune（Lightwood 1935, p. 439）

ヘンデルのオペラ『リカルド・プリモ Riccardo Primo』《行進曲》より。オペラにくらべ、この《行進曲》は有名で長く残りました。ウェスレーが選曲において、様々なところから選んでいたことがわかる例の一つと言えるでしょう。

JERICHO TUNE (from Handel's opera *Richard I*).
Com - mit thou all thy griefs and
ways in - to His Hands; to His sure Truth and
ten - der care who Earth and Heav'n com-mands.
&c.

〈譜例3〉 Unser Vater（Lightwood 1935, p. 392）

初出はルター派の聖歌集《霊的な歌 Geistliche Lieder》です。後に国教会の詩篇歌に取り入れられ、Old 112th と名付けられました。ウェスレーはこの歌が非常に気に入っており、ある時友人に「もし君が純粋な詩篇歌を聴きたかったら、フルネックのところに行って、モラビア教徒の音楽を聴けばよい」と言い、この歌を口ずさんでいたと伝えられています。この曲はバッハによっ

ても用いられ、メンデルスゾーンもオルガン・ソナタ第六番に用いています。

会衆歌として歌われるために選択されるチューンは、メソディストを特徴付ける説教や例会、集会、愛餐会、などのあり方と直接つながるものであり、非常に重要な要素であると考えられていました。初期のメソディストの集会では、歌われる讃美歌は説教を挟んで2曲が限度と決められていました。集会の途中で、その場で指定されるチューンは、その会の雰囲気を決定し、その後に続いてなされるウェスレーの説教の理解を左右するほどの影響力があったと考えられます。

5　歌詞の編集について
「千の舌をもって　Oh for the thousand tongues to sing」

〈譜例4〉は、アズモン AZMON と呼ばれるチューンです。メソディストの讃美歌集には、いくつかの代表的な旋律があり、それぞれに名前が付けられています。それは現代の讃美歌でも残されており、讃美歌の楽譜の右上の方に小さくチューン名が記されているのを見ることができます。現在の讃美歌集の中にも、同じ歌詞に二つの曲が付けられている例はよく見るものです。これ

までにも何度か指摘してきたように、メソディストの讃美歌の大きな特徴は、一つの歌詞に様々なメロディーが引用され、当てはめられてきたというものです。メソディストにとって重要な意味を持つこの「千の舌をもって」もアズモンに落ち着くまでには、実に様々な旋律[23]が用いられてきました。

　アズモンというチューンそのものは、ドイツ人のカール・グレーサー（Carl G. Glaser）によって一八二八年に作曲されたものです。その後一八三九年にロウェル・メイスン（Lowell Mason, 1792-1872 写真）の〝近代讃美歌 Modern Psalmody〟において、編曲作品としてアメリカに紹介されました。メソディストが採用したのは一八六七年版からです。さらに、この「千の舌をもって」にアズモンが付けられるようになったのは一九〇五年版以降で、それ以降この歌につけられるチューンの定番となりました。

　さて、この讃美歌の歌詞はチャールズ・ウェスレーによって発表されたのが一七三九年であり[24]、前年の彼の福音的回心を記念したものとしてメソディスト運動の象徴的な存在となってきたものです。**〈譜例4〉**のように、一七七九年以来、アメリカのメソディストの讃美歌集ではたいていこの曲が第一番に置かれています。

〈譜例4〉

The Methodist Hymnal

Worship

Adoration and Praise

I AZMON C. M. CARL G. GLASER. Arr. by LOWELL MASON

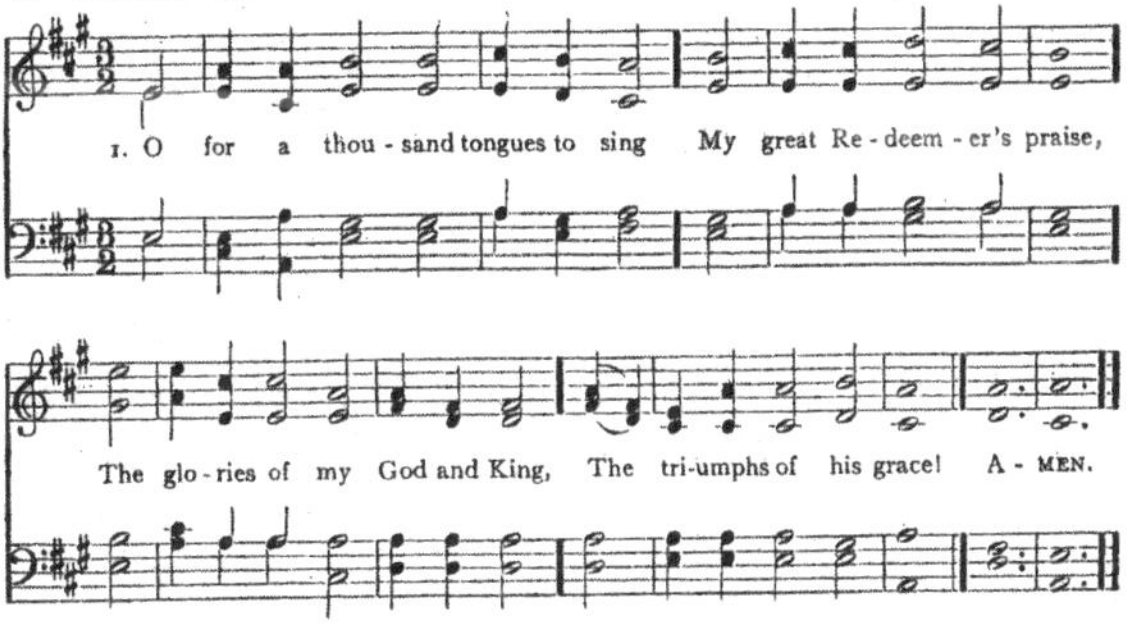

2 My gracious Master and my God,
Assist me to proclaim,
To spread through all the earth abroad,
The honors of thy name.

3 Jesus! the name that charms our fears,
That bids our sorrows cease;
'Tis music in the sinner's ears,
'Tis life, and health, and peace.

4 He breaks the power of canceled sin,
He sets the prisoner free;
His blood can make the foulest clean;
His blood availed for me.

5 He speaks, and, listening to his voice,
New life the dead receive;
The mournful, broken hearts rejoice;
The humble poor believe.

6 Hear him, ye deaf; his praise, ye dumb,
Your loosened tongues employ;
Ye blind, behold your Saviour come;
And leap, ye lame, for joy.

CHARLES WESLEY

日本語では、一九五四年版の『讃美歌』で「主イエスのみいつと」に、また一九九七年に新たに編纂された『讃美歌21』では、「世にあるかぎりのことばをもて」と、それぞれ訳出されてきました。

また、〈**資料1**〉に見られるように、本来は一九節もある非常に長いもの

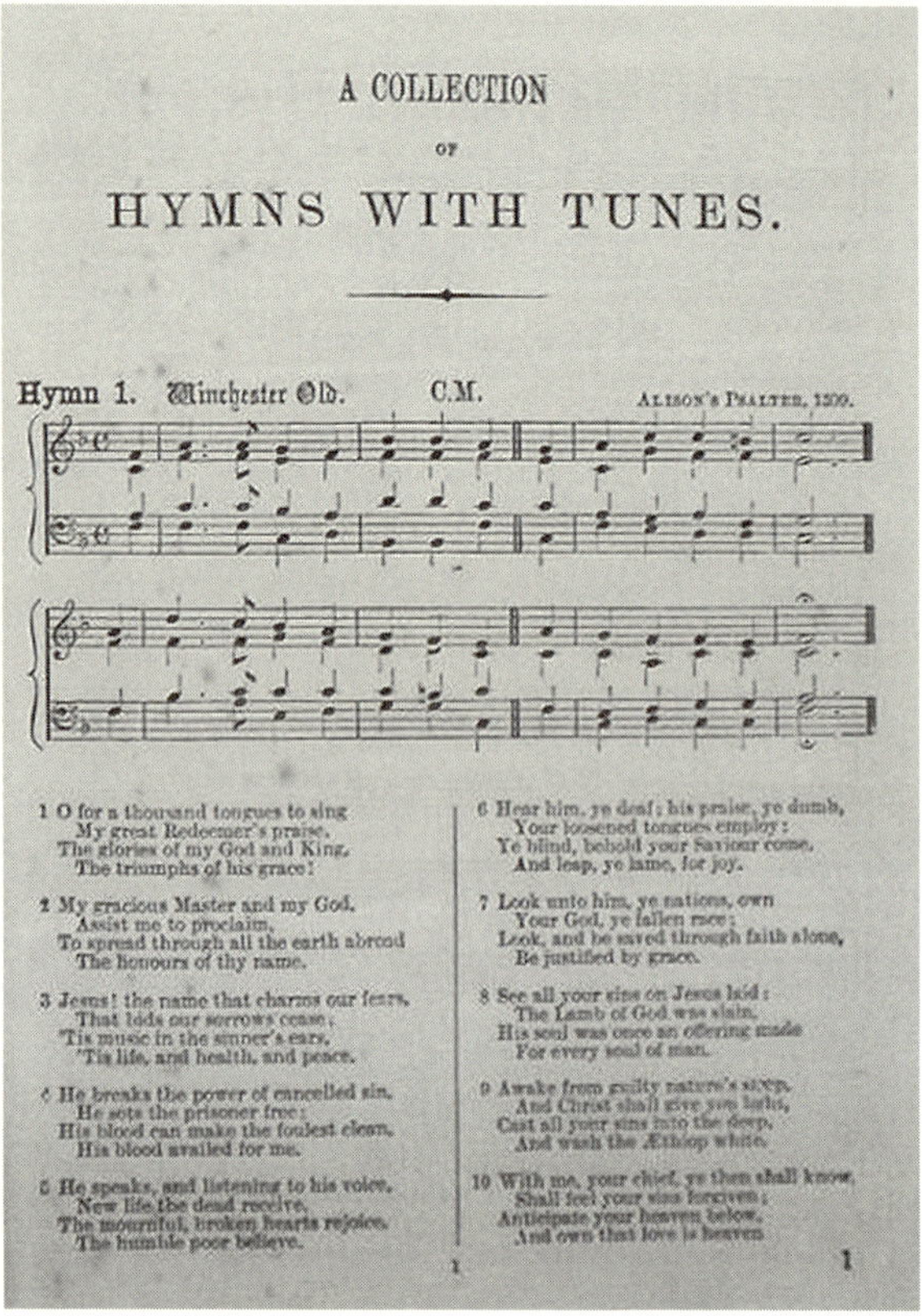
A COLLECTION

OF

HYMNS WITH TUNES.

Hymn 1. Winchester Old. C.M. ALISON'S PSALTER, 1599.

1 O for a thousand tongues to sing
My great Redeemer's praise,
The glories of my God and King,
The triumphs of his grace!

2 My gracious Master and my God,
Assist me to proclaim,
To spread through all the earth abroad
The honours of thy name.

3 Jesus! the name that charms our fears,
That bids our sorrows cease;
'Tis music in the sinner's ears,
'Tis life, and health, and peace.

4 He breaks the power of cancelled sin,
He sets the prisoner free;
His blood can make the foulest clean,
His blood availed for me.

5 He speaks, and listening to his voice,
New life the dead receive,
The mournful, broken hearts rejoice,
The humble poor believe.

6 Hear him, ye deaf; his praise, ye dumb,
Your loosened tongues employ;
Ye blind, behold your Saviour come,
And leap, ye lame, for joy.

7 Look unto him, ye nations, own
Your God, ye fallen race;
Look, and be saved through faith alone,
Be justified by grace.

8 See all your sins on Jesus laid:
The Lamb of God was slain,
His soul was once an offering made
For every soul of man.

9 Awake from guilty nature's sleep,
And Christ shall give you light,
Cast all your sins into the deep,
And wash the Æthiop white.

10 With me, your chief, ye then shall know,
Shall feel your sins forgiven;
Anticipate your heaven below,
And own that love is heaven.

1 1

で、いくつかの変遷を経て、現代の形に定着したと言われています。詩については、原作では〈**資料1**〉で8の番号をふったGlory to God, and praise and love が筆頭連にきていたという説もあり、現在の Oh for the thousand tongues to sing はモラヴィア派のペーター・ベーラー（Peter Boehler, 1712～1775）の表現に基づい

〈資料 1〉

"Oh for the thousand tongues to sing"
Charles Wesley

1． O for a thousand tongues to sing
My great Redeemer's praise,
The glories of my God and King,
The triumphs of His grace!

2． My gracious Master and my God,
Assist me to proclaim,
To spread through all the earth abroad
The honors of Thy name.

3． Jesus! the name that charms our fears,
That bids our sorrows cease;
'Tis music in the sinner's ears,
'Tis life, and health, and peace.

4. He breaks the power of canceled sin,
He sets the prisoner free;
His blood can make the foulest clean,
His blood availed for me.

5． He speaks, and, listening to His voice,
New life the dead receive,
The mournful, broken hearts rejoice,
The humble poor believe.

6． Hear Him, ye deaf; His praise, ye dumb,
Your loosened tongues employ;
Ye blind, behold your Savior come,
And leap, ye lame, for joy.

7. In Christ your Head, you then shall know,
Shall feel your sins forgiven;
Anticipate your heaven below,
And own that love is heaven.

8. Glory to God, and praise and love
Be ever, ever given,
By saints below and saints above,
The church in earth and heaven.

9. On this glad day the glorious Sun
Of Righteousness arose;
On my benighted soul He shone
And filled it with repose.

10. Sudden expired the legal strife,
'Twas then I ceased to grieve;
My second, real, living life
I then began to live.

11. Then with my heart I first believed,
Believed with faith divine,
Power with the Holy Ghost received
To call the Savior mine.

12. I felt my Lord's atoning blood
Close to my soul applied;
Me, me He loved, the Son of God,
For me, for me He died!

13. I found and owned His promise true,
Ascertained of my part,
My pardon passed in heaven I knew
When written on my heart.

14. Look unto Him, ye nations, own
Your God, ye fallen race;
Look, and be saved through faith alone,
Be justified by grace.
15. See all your sins on Jesus laid:
The Lamb of God was slain,
His soul was once an offering made
For every soul of man.
16. Awake from guilty nature's sleep,
And Christ shall give you light,
Cast all your sins into the deep,
And wash the Æthiop white.
17. Harlots and publicans and thieves
In holy triumph join!
Saved is the sinner that believes
From crimes as great as mine.
18. Murderers and all ye hellish crew
In holy triumph join!
Believe the Savior died for you;
For me the Savior died.
19. With me, your chief, ye then shall know,
Shall feel your sins forgiven;
Anticipate your heaven below,
And own that love is heaven.

ているとの説もあります。

日本の讃美歌への導入としては、まず、一九五四年の『讃美歌・讃美歌第二編』「主イエスのみいつと」では当時日本人にとって3拍子がなじみにくかったという理由から、チューン（旋律）そのものの拍子を2分の2の拍子に編曲しています。また歌詞も、特徴的な英語からは少々離れた印象がある訳を採用しています。それが一九九七年改訂された翻訳である『讃美歌21』（**譜例4**）の歌詞「世にあるかぎりの」では、拍子は3拍子に、歌詞はアメリカ合同メソディストに即した形で訳されたものとなっています。

ここで注目したいのが、日本語ではほとんど訳出されていませんが、歌詞の中で「私の〜」「私が〜」と一人称が非常に多く用いられていることです。これは、個人的な信仰体験が積極的に表現されている部分であり、個人的な思いを歌うモノローグとなっていることがわかります。

特に、第一二連では

私は主の償いの血を感じる。
私の魂のそばに。
私を、神の御子が私を愛された。

私を、この私のために、彼は死なれたのだ！
（傍線著者）

と、どこまでも主観的で、「主」対「私」の関係が強調され、感情的な歌詞が歌われています。
ここだけを取り出してみれば、そこには歌う際の他者の存在がいっさい想定されていないように見えます。しかし実際には、この讃美歌は皆で歌われるものです。しかし、この個人的な神への感謝や感動の吐露は、集会の中で会衆歌として歌われるとき、実は、互いの思いが同じであることの確認の役割を果たすということは容易に想像できます。その証拠に、〝Oh for the thousand tongues to sing〟の場合は、その後一四連から「あなた（たち）you(r)」が用いられるようになり、最後には、「みなで讃えよう！」と会衆である共同体全体への呼びかけ、あるいは同じ思いの叫びとなって終わるのです。つまり、個人的な思いは会衆で讃美歌されることを通して共同体の相互のメンバーに確認、共有され、やがて共同体全体の思いとして表明されるというプロセスをたどっていくものだったのです。

もちろん、讃美の力を用いたのは、メソディストが初めてというわけでも、メソディストだけであったわけでもありません。

実際、初期のキリスト者はユダヤ教の一派から自分たちを区別するために独自の聖歌を整えていきました。カトリックのグレゴリオ聖歌はローマ教会の絶対的な権威を世界に浸透させるために、各地にそれまであった聖歌を淘汰させるものとして成立した背景を持っています。それほど、歌には多くの人を結集させ、コントロールする力が確かにあるのでしょう。

それらとメソディストの讃美との決定的な違いは、そのきっかけとなったのが、モラビア教徒との出会いや「アルダスゲートの回心」というような、どこまでもウェスレー個人の体験であるという点です。ウェスレーは信徒たちに対しても、宗教体験を重視しました。「体験」という以上、それはどこまでも個人的・主観的なものであることは間違いありません。メソディストはそのようにして「個人」と「共同体」の狭間の、微妙なバランスの上に成立したと言えますし、だからこそ、メソディストには「理論的」な側面と、「感情的」要素という、相反する要素が他の宗教に比べると重要視される伝統にあることがわかるのです。

そのようなメソディストにおいて「讃美歌」は、個人の体験を共同体の共有する体験へとつなぐ機能を果たしていたと考えられます。つまり、ウェスレーの讃美への姿勢、旋律の選択、また歌詞の変遷は、単に説教者にとって「使いやすい」ということだけで遂行されてきたのではなく、むしろ、「千の舌をもって」に象徴されるように、主観的・個人的宗教体験を共同体の共有体験として更新するためのものであったと考えられます。

第三章　初期メソディストと音楽　注

（1）『ニューグローブ世界音楽大事典』「ウェスレー」の項参照。
（2）ショウ真理子による、Snaveley, E. Guy. and Young, Carton. The Encyclopedia of World Methodism, 1974 ed., s.v. " Hymn writers" の日本語訳（ショウ 2004, 8）。
（3）馬淵　彰「チャールズ・ウェスレー ―― 福音と出遭った詩人」『福音主義神学』35号、二〇〇四年一二月、五七～七九頁所収、東京、六〇頁。
（4）『ニューグローブ世界音楽大事典』「ウェスレー」の項参照。
（5）同前。
（6）Edger, R. Frederick 1952. A Study of John Wesley from the Point of View of the Educational Methodology used by Hymn in Fostering the Wesleyan Revival in England. Ph. D. diss., Columbia University 1952, p. 66.
（7）Ibid., p. 66.
（8）「ウェスレーはメソジスト伝道の四三年間、イングランド、ウェールズ、スコットランドと何千マイルも旅をし、信徒たちを監督してきた。」（Young 1995, 3）。

（9）「彼ら〔メソディスト〕は礼拝の讃美の部分を、より神を受け入れやすく、よりすべての意識を集中させられるものとしようとしていた。」(Edger 1952, 67)。
（10）Ibid., p. 66.
（11）Ibid., p. 71.
（12）Ibid., p. 77.
（13）Ibid., p. 76.
（14）「家族のための聖歌には、誕生日や洗礼、子供の病気の時の讃美、メソディストである妻を迫害する夫のためのもの、信仰に理解を示さない妻のためのもの、また結婚式や、欠席している、あるいは病気の友人のためのもの、などが含まれていた。またお茶（休憩）の聖歌、仕事の聖歌などというように、一般的な共同体においてあらゆる共通した感覚や、一致した心が表現しやすいものがあった。」(Edger 1952, 79)。
（15）Ibid., p. 66.
（16）Kimbrough Jr., S.T., ed. 2007. Music and Mission: Toward a Theology and Practice of Global Song. Cokesbury Nashville, U. S. A., pp. 41-43.
（17）Edger, 1952, p. 68.

（18）Wesley, Jhon. Works 14 vols., p. 345.
（19）音楽的ルーツとしては、ドイツ・コラール、ジュネーヴ詩篇歌、英国詩篇歌（アンセム）、民謡のような伝統的な旋律などであり、"Vexilla Regis", "Adoro Te", "Veni Creator" というチューン（旋律 Tune）は、八世紀の聖歌にまでそのルーツを辿ることができるとしている（Lightwood, 1935, IX）。
（20）音楽的誤りの原因としては、ウェスレー自身の記憶違いや、チャールズの詩に合わせるために行った編曲などが考えられる。もっとも有力なものは、当時ウェスレーはトーマス・バッツ Thomas Butts という編曲家の助けをかりていたためではないか、というものである。ウェスレーは彼を一七四二年から五三年の間会計として雇っており、一七五六年の《聖なるハーモニー Harmonia Sacra ca. 1756》を編集した人物でもある（Young 1995, 54）。
（21）Ibid., p. 55.
（22）Ibid.
（23）譜例5参照。今までに使用された旋律名としては、"Winchester", "Lydia" などがある。
（24）初出は、"Hymns and Sacred Poems" (1740).

メソディスト資料館（マンチェスター）

現代のウェスレー・チャペル。（正面）

第四章　メソディストに反映される時代性

1　一七世紀英国の読書サークル、国歌

どのような宗教も、人間の世で展開される活動である限り、時代の空気から逃れる事はできません。メソディストと讃美歌とのかかわりは、その時代の生活そのもの、あるいは文化的活動を絶えず背景に受け入れ、育てられてきました。

例えば、ウェスレーは存命中に多くの讃美歌集を出していますが、これらは「購買層」がなければ達成できない筈です。それを支える仕組みがメソディストにはありました。現在のメソディスト教会においても実践され続けている「組会」です。

本書の冒頭でも触れたように、広範囲に広がる信徒たちを細かくケアーしていくために、ウェスレーは組織運営の手段として「組会」という仕組みをつくります。これは小グループで集まり、

集会を行ったり、お互いを行き来することで絆を作る方法ですが、そこで決められていたことが「すべての組会に本が支給されること」[1]だったのです。もちろん、そこには讃美歌も常備され、集会に用いられました。

このような小規模のいわば「クラブ」を形成して、親密な関わりを持とうとするのは、英国的な発想なのかもしれません。英国は一七五〇年以来、読書サークルが発達し、さらに新聞等のメディアによって、結束させられている「公衆」が形成されていきます。彼らは一つの「公共圏」を形成し、この小家族的な親密性の中で、自分の居場所を得て自分自身を理解し位置づけしたと言われています[2]。それと同種のものの一つがメソディストの組会であり、それは読書サークル的要素と小家族的親密性を持つつながりを実現しており、「自己理解」へと導くものとなっていたと考えられます。

また、歌を通して「個人に由来するものを共同体のものとして体験し、共有していく」歌の用いられ方としてヒントとなるのが、その時期の国歌の歌われ方です。

一八世紀というのは、ヨーロッパで市民が台頭していく時代であり、同時に「国民」や「国家」という概念が急速に広がっていく時代です。そのような中で、当時次々とヨーロッパで開催され始めた音楽祭では、ソロ歌手の歌から始まって会衆一同の合唱へと高まるオラトリオやコラールが、会衆の一体感と共に祝祭感の高揚を促すことから、音楽祭の最後を飾るものでした。[3] その際の歌詞の内容は、決してあからさまな国民賛歌のようなものではありません。むしろ会衆にとって親しみ深かったコラールを再利用した神への讃美や感謝であり、英国の国歌《王に神のご加護があるように[4]》でした。

このように、多くの人が集まる「場」において、当時からオペラや合唱といった「言葉を伴う音楽」が重要な位置を占めたという事実は、メソディストの讃美歌とその活動を理解する点で、示唆を与えるものです。なぜなら、歴史学者であるアーネスト・ゲルナーによれば、あるグループの中心的な観念を自動的に生み出すのはコミュニケーションそのものであり、「その中心的なメッセージとは、伝達の言語とスタイルとが重要であるということ、それを理解できる者、あるいはそういった理解力を獲得できた者のみが、一つの道徳的で経済的な共同体に加わることができる」からです。[5] 始まった当時のメソディストの特徴的な集会には、「キャンプ・ミーティング」と呼ばれるものがあります。そこでの彼らの様子は、野外音楽祭さながらの熱気を持っていました。まさに彼らの「共同体意識」が、讃美歌の内容を理解し、その讃美歌をウェスレーの指導するように、つまり、メソディストのスタイルで歌う事で、「中心的なメッセージが理解」され、共同体が形成されていったと言えるのです。

2　メソディズムにみる現代

①　スピリチュアリティと個人化

二〇世紀後半からの「公共性と宗教」をテーマとした議論の中では、「ポストモダン」や「第二の近代」を語る際には「個人化」というくくりで語っていきました。言い方を変えるとそれは、「共同体の崩壊」であり、「宗教の世俗化（一般大衆化）」とも言えます。宗教を通じた特別な体験を誰もがするという状況が、かえってそのような体験を「個人的なこと」と受けとめられるという、奇妙にねじれた理解へとつながっていったのです。その理解の延長線上に、宗教社会学は「宗教復興」の機運を読み、昨今の新興宗教の興隆やスピリチュアルな要素を重視する要因を見ようとします。

その一方で宗教社会学は、伝統宗教や近代に発展した宗教の主な機能が、個人を超えた共同体の結束を強め、集団の統合をもたらすものであることを指摘します。(6) この指摘は、メソディストにもあてはまるものです。しかしながら、これまで見てきたように、メソディストは言わばウェスレーの個人的な信仰的覚醒と、人生の中で連続して起こる「聖化」という個人的な体験を源とし、そのエネルギーがメソディストのアイデンティティーとなって今日まで続いてきました。このことから、現代における宗教の特徴である「個人化」を先取りした形でメソディストは始まった側面とともに、伝統宗教の機能である「個人を超えて共同体の結束を強め、集団の統合をもたらす」ことに成功をしていたのだと言えるのです。そこに、「会衆歌」（共同体の歌）として設定された個人的な讃美歌の影響が考えられます。

２ 現代の讃美とメソディスト

さて、二〇〇一年のミレニアムを契機として、世界中の讃美歌の世界には、実に様々な動きがありました。実際には、その胎動は一九五〇年代からミレニアムを見越して始まっていました。

しかし、現代の多くの信徒にとってそれらの影響を自身の教会生活において実感することは、稀でしょう。また、音楽について広く扱う音楽学の世界でも、現代讃美歌についてのアクティブな話題が出されることは稀ですので、讃美歌系の研究は、未だに皆川達夫氏による隠れキリシタンの讃美についての「オラシオ」研究や、金澤正剛氏の西洋音楽史の観点からのキリスト教音楽といった、音楽学のいわゆる王道を行く研究が光を放っています。つまり、依然として「キリスト教界」の枠外からの批判にさらされることなく、日本の讃美歌学は成立していると言えるでしょう。

それは単に、讃美をとり上げる際に「神学」を踏まえなくてはいけないとか、科学的な学問領域の「音楽学」の範疇で、讃美歌学に不可欠の「霊性」という視点が正当性を持ちにくい、という理由だけによるのではない、と私は考えています。なぜなら、その両者を十分に議論の土俵に上げることを可能にする風土が、本来の音楽学や芸術学の世界には存在するからです。外からの批判を受けずにきたのには、学問的な問題というよりもむしろ、今日の教会（あるいは各種の学会）が本来の姿とは逆の、「出かけていって、語りあう」ということを躊躇しがちであるということが大きな原因ではないかと思うのです。

さて、ミレニアムまで五十年を切った頃、新たな讃美歌への動きが英国から起こり、やがて世界に広がりました。牧師であり讃美歌作家でもあったフレッド・プラット・グリーン（Fred Pratt Green, 1903～2000）、フレッド・カーン（Fred Kaan, 1929～2009）、ブライアン・レン（Brian Wren, 1936～）という三人が推進した英語讃美歌の創作運動『ヒム・エクスプロージョン Hymn Explosion 讃美歌爆発』と言われる動きです。

この讃美歌の創作運動の背景には、一九五〇年代からの「二〇世紀教会軽音楽グループThe Twentieth Century Church Light Music Group」による教会学校を中心とした活動と、一九五〇年代から六〇年代にかけての新しい英語訳聖書の出版がありました。しかし同時に、このような「新しい讃美歌への必要性」を感じる心を準備したのは、一八世紀よりメソディストらによって牽引されてきた「会衆讃美」の伝統と言えるでしょう。それはこれまで見てきたように、メソジストにとって「讃美」というのは、神への応答というだけでなく、福音あるいは説教そのものとして、牧師が行けない所にまで福音を届けるというウェスレーの時代から続く、他の派とは違った理解があったことと通じるものです。

③ グローバル・ソング

ここで改めて、アメリカの合同メソジスト派の新しい讃美歌への取り組みの一つとして「グローバル・ソング Global Song」の展開を確認したいと思います。これは先にもふれたように、キンブロー博士による『音楽と宣教』において展開さている中心的な考え方であり、現代の讃美活動の理論的背景を説明しています。それは、讃美歌においては欧米起源の音楽だけでなく、世界の様々な国の言葉や文化から生まれた讃美歌を受け入れていこうとするものです。それらによってこそ、私たちは「世界の創造主である神」を改めて知り、「多くの部分があっても、一つの体」（Ｉコリント12・12〜31）であることを理解することができ、ついには神の教会の実現を見る、というのです。

「グローバル・ソング」のグローバルという言葉に込められている意味は、宗教間の争いや世界規模に展開する企業を語る際に用いられる「制覇する」ニュアンスの強いものではなく、民族性や文化、言語といった固有の要素をそのままにして、互いに理解し包括する、という意味合いが強いものです。「多くの部分からなる一つの体」、というイメージです。ですから、その意味するものとは「多くの部分からなる一つの体がうたう歌」と言えるでしょう。

キンブロー博士は、音楽とは「創造主なる神への祈りや喜びや嘆き、讃美を表現するための最も充実した神から与えられた言語である」とします。決して「世界の共通言語」だとか「言葉を超えた言語」だとかいうのではありません。つまり「言語」である以上、書かれている言葉とその内容が問題であることを積極的に認めているのです。この部分は、非常にあたりまえなことでありながら、専門家でさえ一種の高揚感をもって「音楽は世界共通」という錯覚を容易に信じてしまう危険な部分です。一般的な定義として、音楽が音・リズム・旋律によって成立するとするならば、あらゆる民族にあります。それらは皆、その地域の「文化」や「言語」から生まれたものであり、本来個別固有のものです。つまり「信仰のグローバルソング」とは、ある民族（国、人）の生活・社会そのものである「文化」や「言語」から生まれた、「讃美の歌」であるということです。

讃美を共有することは、決して簡単なことではありません。実際、讃美の分裂が、教会そのものの分裂へとつながる不幸な例は、アメリカでも、日本でも散見されます。アメリカでは、現在、若者の礼拝と大人の（というのも変な言い方ですが）礼拝の時間帯を分けることで、何とか折り合いをつけているというところも多いのです。もちろんそれは、アメリカにおいては、メガ・チャーチと呼ばれる大規模な教会があちこちにあり、普通の教会も八百人程度の教会員数で、物理的に礼拝の分離が必要であるという面もあるでしょう。

しかしもし、礼拝分離の理由に、異世代、あるいは異文化間の断絶があるとしたら、これは少し立ち止まって考える必要があるのではないでしょうか。なぜなら、そのような状態は、異なった文化の橋渡しをできるはずの讃美が本来の力と使命を発揮する機会を、失ってしまっているとも言えるからです。確かに讃美は、何よりもまず神様を讃美するためのものですが、それが同時に「信徒の交わり」を制限するものとなることを意味するのではないはずです。

讃美の共有は、お互いの思いを共有することに通じます。若い人の歌は分からない。今までの讃美では、自分たちの讃美の心を表現できない。確かにそういう部分はあるでしょう。しかし、そのような思いを超えて、讃美を共有する道を探っていくことに、私たちは今、招かれているのではないのでしょうか。「互いに重荷を負いあいなさい」という御言葉に表される姿勢は、ともに讃美することにも求められているのではないか、と思うのです。

決して抽象的な話をしているのではありません。例えば、教会の若い人たちが讃美をリードする際の音量があまりに大きすぎる時は、少し抑える配慮も必要でしょう。ある教会では、「現代のcontemporary」讃美歌をいきなり導入していくのではなく、伝統的な讃美歌を若い感覚で編曲したものを、徐々に礼拝の時間に取り入れて行く、といった工夫も、実際になされています。その一方で、伝統的な讃美を、現代にもう一度意味を問い返しながら、大切に歌い続けていく謙虚さも必要なのではないでしょうか。讃美を共有していく上で、最も大切なことは、この場合「何を歌うか」ではなく、それを共に歌おうとする過程であり、そこで語り合われる様々な事柄です。

先にご紹介したように、ウェスレーたちは、信仰の歌の記憶が「会話（対話）を引き出す」と信じていたと考えられます。その可能性は、共に讃美することを通して、初めて生まれてくるものです。

ジョン・ウェスレーのデスマスク
（ウェスレー博物館蔵）

「グローバル・ソング」が必要とされるのは、讃美を共有することによって、まさに私たちが、世代間や異文化の断絶を越えて、互いの悩みや喜びを共有できる機会となる希望があるからなのです。

④ 分かち合い、遣わされる讃美

讃美を共有することが、互いを分かち合い、さらに遣わされていくことにつながる可能性について一つの実践を通し、考えたいと思います。

少し前になりますが二〇〇七年の夏、北米ＦＭロング・ビーチ教会のメンバーで構成された「ライト&ライフ アウトリーチ・バンド Light and Life Outreach Band」が来日しました。彼らは、アメリカでそれぞれがプロの活動をしています。

彼らがこの伝道旅行において最も尊重したのは「こちら（日本）のやり方に従う」ことでした。この方針の下では、通常のゴスペルコンサートとの違いを意識させることはありませんでした。

しかし、彼らがただ一度、教会関係者以外の集まる場所（ライブハウス）で讃美した時、状況は一転し、彼らの讃美の独自性と、それを私たちが共有する意味が具体的に示されました。

この夜歌われたのは、「ゴスペル」だけではありません。失恋で悲しむ友人や、恋人からの暴力に悩む友人への慰めの歌、あるいは親友同士が結婚した時に送った祝福の歌、愛する自分の子どものための子守唄など、彼らの日常から生まれた歌も歌われました。そこには、様々な人との関わりの中で、彼ら自身が何を思い、またそこでどのように神と出会うのか、ということが歌いこまれていました。それらの曲の合間に話される証しやメッセージは、聖書の言葉を特別に引用したものではありませんでしたが、だからこそかえって、どんな人の日常（人生）にも共におられる神の存在を直接に証しするものとなっていました。これは、分かち合い、真にアウトリーチであるということ、つまり「遣わされていく」ということに対する、私たちの「限界」を示すことにも通じていました。

ライブハウスでの集会が実現するまでには、様々な障害がありました。まずメソディストとして、「お酒が出される場所で讃美する」ということへの抵抗感がありました。また、この時は「伝道目的で来た彼らが、教会外で歌う、（しかもその場所がライブハウス）」というのが最大の壁でした。しかし、実際に世界中へ「ミッション・ツアー」を何度も経験している彼らに聞くと、遣わされていく場所は、時には薄暗い場末の酒場であることもある、といいます。当然、彼らは独善的な思いで来ているのではありません。まず祈り、様々な教会に出向いて伝道旅行の意義と目的について語り、支援を求めます。一方で安全等に対して自己責任を負うという趣旨の書類サインをします。そのような過程を経て、さらに思いを堅固にされて遣わされて来るのです。

言うまでも無く、来日したのは、彼らだけではありません。彼らと思いを分かち合い、背後で祈り、支援している信徒たちもまた、彼らとともにあったのです。彼らにとって「アウトリーチ」であるということは、イエスご自身がボーダーを越えていく方であったことに倣うことでした。

5 共に讃美をするのは誰か？

最後に「共に讃美をするのは誰か？」を考えるのに、よく知られている「レクイエム Requiem」をとりあげたいと思います。

モーツァルトやフォーレといった有名な作曲家の代表作ともなっている「レクイエム」は一種の俗称で、正式には「死者のためのミサ」といわれています。煉獄につながれた死者の罪が少しでも軽くなるように、神様に祈るもので、日本人によく誤解されている、亡くなった人の魂を鎮める「鎮魂」の意味はありません。「レクイエム」はカトリックの正式な典礼形式の一つとして長く認められて来ましたが、第二ヴァティカン公会議（一九六二〜六五年）において、廃止されました。

ミサである以上、レクイエムは私たちプロテスタントがいうところの聖餐式が中心です。天に召された死者と共に聖餐にあずかることは、「死によっても分たれることのない、共同体の一致」を象徴するものでした。私たちの信仰が、時空を超えて一つである何よりの証しだったのです。

時の流れの中で整えられてきたカトリックのミサの形式や、それを構成する詩篇唱や賛歌を見ると、信仰者たちが「共に讃美する共同体」としてきた対象のスケールの大きさに、改めて気付かされます。プロテスタントはカトリックから分かれたのですから、もちろんその伝統を受けついでいます。例えば、聖餐式で私たちが唱える「讃栄」ですが、これはカトリックのミサの中でも唱えられる「感謝の賛歌（聖なるかな）Sanctus」です。もちろん、「レクイエム」の中にもあり、力に満ち輝かしく歌われます。

「聖なるかな、聖なるかな、聖なるかな、万軍の主……」に始まる一連の詞は、聖書ではイザヤ書六章三節にある天で神に仕えるセラフィムによるものですが、その賛歌の最後の詞「天のいと高き所に栄光あれ。主の名によって来られる方に栄光あれ」は、詩編一一八編であると同時に、十字架に向かわれるイエス様がエルサレムに入城された際、群衆からかけられた言葉でもあります。まさに私たちは、この「讃栄」を唱和している時、今この瞬間と場所を同じくする会衆や世界の人々と共に、天の御使いたちや、聖書の時代の人々、さらに先に天に召された、そして未だこの世に生まれていない未来の命を待つ魂と共に、様々な境界を超えて共に讃美しているのです。

信仰の歌の記憶は「会話（対話）を引き出す」と信じていたというウェスレーは、一つの声による神さまへの讃美を通して信徒たちが一つになり、調和した全人格へと導かれていくことを願いました。讃美やそのあり方が多様化する現代にある私たちもまた、時空を超えて共に讃美する霊を覚えながら、次世代への讃美について、具体的な対話をいっそう進めていく時を迎えているのかもしれません。

第四章　メソディストに反映される時代性　注

(1) 山中弘『イギリス・メソディズム研究』ヨルダン社、一九九〇年、九二頁。

(2) ユルゲン・ハーバーマス『公共性の構造転換 —— 市民社会の一カテゴリーについての研究 ——』細谷貞雄、山田正行訳、未来社、一九九四年、七二頁。

(3) Boresch,H-W. "Der ,alte Traum vom alten Deutschland 'Musikfeste im 19. Jahrhundert

als Nationalfeste" Die Musik forschung. 1999 Heft 1, S. 55

（4）Ibidt., p. 59.

（5）ゲルナー・アーネスト『民族とナショナリズム』加藤 節監訳、岩波書店、二〇〇〇年、二二二頁。

（6）島薗 進「宗教の変容と個人」稲垣久和、金 泰昌編『公共哲学16　宗教から考える公共性』所収、東京大学出版会、二〇〇六年、四頁。

［参考文献表］

Edger, R. Frederick 1952. *A Study of John Wesley from the Point of View of the Educational Methodology used by Hymn in Fostering the Wesleyan Revival in England*. Ph.D. diss., Columbia University 1952.

Boresch,H-W., "Der ,alte Traum vom alten Deutschland 'Musikfeste im 19. Jahrhundert als Nationalfeste" Die Musik forschung. 1999, Heft 1.

ゲルナー・アーネスト『民族とナショナリズム』加藤 節監訳、岩波書店、二〇〇〇年。

ハーバーマス・ユルゲン『公共性の構造転換 ―― 市民社会の一カテゴリーについての研究 ――』細谷貞雄、山田正行訳、未来社、一九九四年。

稲垣久和、金泰昌編『公共哲学16　宗教から考える公共性』所収、東京大学出版会、二〇〇六年。

Kimbrough Jr., S.T., ed. 2007. *Music and Mission: Toward a Theology and Practice of Global Song*. Cokesbury Nashville, U.S.A.

Lightwood, T. James
1935. *The Music of The Methodist Hymn-Book*. The Epworth Press, London,U.K.

1905. Hymn-Tunes and Their Story. Charles H. Kelly. London, U.K.

馬淵彰「チャールズ・ウェスレー　—福音と出遭った詩人」『福音主義神学』35号、二〇〇四年一二月、五七～七九頁。

ショウ・スコット「初期メソジスト教会の礼拝音楽」『礼拝と音楽』ショウ万里子訳、日本基督教団出版局、二〇〇四年秋号 No. 123、八～一三頁。

Wesley John,

The Works of John Wesley, 14 vols.,(Michigan: Baker Book House, 1979) Rep. from the 1872 edition issued by Wesleyan Methodist Book Room, London, Vol.XIV, ・List of Poetical Works,　pp. 319-45, 'Musical Works' pp. 345-46.

1798 *Collection of Hymns: for The Use of The People Called Methodists*: a New Edition, Printed for G. Whitfield at the New Chapel, City-Road, London.

1877 Collection of Hymns: for The Use of The People Called Methodists: with a New Supplement. Wesleyan Conference Office, London

（出版年不明）*A Collection of Tunes : Set to MUSIC, as they are commonly Sung at the FOUNDERY*, Printed by A. Peason, London.

山中弘『イギリス・メソディズム研究』ヨルダン社、一九九〇年。

山内一郎「ウェスレーの心―『とりわけ霊的に歌いなさい』」『礼拝と音楽』日本基督教団出版局、二〇〇四年秋号 No. 123、四～七頁。

横坂康彦『現代の讃美歌ルネサンス』日本基督教団出版局、二〇〇一年。

Young, C. Carton 1995. Music of The Hart: John and Charles Wesley on Music and Musicians. Hope Publishing Company, U.S.A.

［楽譜］

讃美歌委員会編『讃美歌』、日本基督教団出版局、一九五四年。

讃美歌委員会編『讃美歌21』、日本基督教団出版局、一九九七年。

興行としての宣教 ——G・オルチンによる幻燈伝道をめぐって

(The Mission as an Entertainment : "Lantern Lecture" by George Allchin)

興行としての宣教——G・オルチンによる幻燈伝道をめぐって

1　はじめに

ジョージ・オルチン（George Allchin 1852-1935）による幻燈伝道は、彼の宣教師としての仕事において、讃美歌の仕事と並ぶ大きな活動である。時に千人以上という集客率を誇った彼の「幻燈伝道集会 Lantern Lecture」についての報告からは、現代の伝道キャラバン集会というよりも、旅回りの一座の地方公演と同種の熱気が伝わってくる。

オルチン自身、幻燈伝道集会の持つエンターテイメント性は充分に意識していた。むしろ積極的にそれを狙っていたとさえいえるだろう。実際彼は、自分の幻燈伝道の報告において、「エンターテイン（楽しませる）entertain」という言葉を用いている（Allchin 1900, 298）。それは、後述するように、一人でも多くの聴衆（信者）を獲得しようとする彼の信念と、そのための苦肉の策であり、幻燈伝道集会は、いわばその実践の結果であると言えよう（Allchin 1901, 92）。

一方、オルチンの幻燈伝道集会に集まる人々の方も、めずらしい見世物を見に行く感覚とほとんど変わりはなかったと思われる。オルチンやその他の宣教師たちの様々な報告書も、「人々が集まるのは、ほとんど世俗的な関心からである」としている。(1) 集会は教会で行われもしたが、集客力のある彼の幻燈伝道集会は、大人数の収容可能な地方の劇場や料亭（クラブハウス）などを会場とすることが多かった。そこで人々は、初めて異国のおとぎ話（福音）を聞き、初めて外国人を見、初めて讃美歌を耳にしたのである。少々説教めいた話を聞いたとしても、当時の地方都市（村）としては、絶好の娯楽であったことにはちがいない。何より、時には「チケットを買って」観衆は伝道集会に集まっていたのである。(2) どんなにオルチンが不本意に思っても、彼らにとっては他の興行と変わることなど、形式としては無かったのであろう。

もちろん、オルチンも並外れたエンターテイナーであったに違いない。伝道集会と幻燈上演を結びつけるというそのアイディアじたいが、彼の発想によるものなのかどうかは今の時点では断言できないが、先にもあげたようにオルチン自身がエンターテイン entertain やアトラクティヴ（魅力的）attractive という表現を用いる一方で、それを見たその他の宣教師も、彼の芸達者ぶりを伝えている。(3) いずれにせよ、彼が幻燈を伝道集会に用いるにあたり、日本の聴衆にとって、魅力的な伝道集会を演出することによって、何とかして一人でも多くの人に福音を伝えようとしたことは明らかであり、その背景には、彼独特の日本の一般大衆への洞察眼と日本文化理解があった。それは一種のマーケットリサーチであるとも言えるものである。

本稿では、そのような考えを持つオルチンの幻燈伝道集会を「興行」という視点からとらえなおすことを試みる。そこから、観客の見えないニーズに対応しながらプログラムを進めていく、オルチン独特の興行師のような感性を伴う宣教観をあきらかにし、同時に彼の様々なチャレンジから透けて見える、現代のグローバリズをめぐる問題に通じる課題を示したい。

2　オルチンの幻燈伝道と日本の状況

「この7年間というもの、北は札幌から南は鹿児島まで、私は日本中を、幻燈を持って説教してまわりました。」(Allchin 1900, 299)

という言葉通り、彼は一八九六年秋に六週間に及ぶ九州での伝道旅行をはじめとして、日本各地に幻燈を携え出向いていった。この、九州キャラバンが幻燈伝道旅行の最初のものかどうかははっ

郵便はがき

1 1 3 8 7 9 0

料金受取人払郵便

本郷局
承認

9657

差し出し有効
期間平成30年
5月24日まで

東京都文京区本郷4-1-1-5F

株式会社ヨベル行

1 1 3 8 7 9 0 17

裏面にご住所・ご氏名等ご記入の上ご投函ください。

●今回お買い上げいただいた本の書名をご記入ください。

書名：

●この本を何でお知りになりましたか？
1.新聞広告（ ） 2.雑誌広告（ ） 3.書評（ ）
4.書店で見て（ 書店） 5.教会・知人・友人等に薦められて

●ご購読ありがとうございます。
ご意見、ご感想などございましたらお聞かせくださればさいわいです。
また、読んでみたいジャンルや書いていただきたい著者はどんな方ですか。

ご住所・ご氏名等ご記入の上ご投函ください。

ご氏名：＿＿＿＿＿＿＿＿＿＿＿＿＿＿（　　　歳）

ご職業：＿＿＿＿＿＿＿＿＿＿＿＿＿＿＿＿＿＿＿

所属教団・教会名：＿＿＿＿＿＿＿＿＿＿＿＿＿＿

ご住所：（〒　　-　　　）

＿＿＿＿＿＿＿＿＿＿＿＿＿＿＿＿＿＿＿＿＿＿＿

＿＿＿＿＿＿＿＿＿＿＿＿＿＿＿＿＿＿＿＿＿＿＿

電話：　　　（　　　　　）

e-mail：＿＿＿＿＿＿＿＿＿＿＿＿＿＿＿＿＿＿＿

「あなたの原稿が本になります」（自費出版含）

本の出版の方法に対して、丁寧なアドバイスが好評を得ております。この機会にご検討ください。本ってどんなふうに作るんだろうというご質問から丁寧にお答えします。

人生の歩み（自分史）、随想、歌集、研究書等を人生の記念として「一冊の本」にまとめ、制作してみませんか。制作の困難な部分をお手伝いさせていただきます。手引き**「本を出版したい方へ」**を差し上げております。興味のある方はご一報くだされば送付させていただきます。

最近は、教会創立記念や会堂建築記念に「記念誌」、「説教集」、「証し集」等を制作する教会が増えています。足跡を辿る貴重な記録となります。機会を逃さないで制作してみては如何でしょうか。資料を進呈しています。

資料**「本を出版したい方へ」が（必要　　必要ない）**

見積（無料）など本造りに関するご相談を承っております。お気軽にご相談いただければ幸いです。

＊上記の個人情報に関しては、小社の御案内以外には使用いたしません。

きりしないが、幻燈を用いた初期の成果であることは間違いない。

その頃のオルチンは、日本の教会内部のごたごたに非常な困難さを覚えていたという[4]。九州においてもその状況は変わりなく、「教会の病は未だ嘆かわしく、多くのクリスチャンの集まりが彼らのために説教をする牧師をおいていない。」(Allchin 1897, 245) とあることから、日本における教会組織の中央の分裂が地方まで伝わっていたことがわかる。しかし、このすぐ後に続いて、「しかし、このような病もすでに行き着くところまでいっているし、彼らの前にはよりよき未来があるに違いないと私は信じている」と希望に満ちた言葉があり、これは九州幻燈伝道集会の手ごたえ

写真：オルチンと観衆：Allchin, George, "For Young People：Preaching With a Lantern in Japan". The Missionary Herald of the A.B.C.F.M. 1900 July, p.299 より転載

が彼に言わせたものであると考えられるのだ。というのも、この文章はミッショナリー・ヘラルド誌に寄せられた九州幻燈伝道旅行についての報告書の終わり近くに書かれたもので、記事のほとんどが、九州においてどれほど多くの人々が彼の幻燈伝道集会に集まったか、どのような反応が得られたかに費やされているからである（Ibid, 244-246）。

オルチンが九州で回ったのは、福岡、大牟田、熊本、八代、水俣、鹿児島、延岡であり、その他にもこれらの大きな街に隣接する小さな村にも、乞われれば出かけていった。その評判は大変なものであり、皮切りの幻燈伝道集会では、長老派の教会に二五〇人がスシ詰め状態で集まり、続いての会場は劇場で、一、〇〇〇人が集まったという。また、他にも大牟田では、劇場に一、二〇〇人が集まり、その参集状況も開演三時間前の午後四時には、良い席を狙う観客が集まり始め、開演の午後七時には一、二〇〇人もの観客が集まっていた(5)。

このような数字は、九州伝道旅行期間中だけではなく、その後も幻燈伝道集会を行なえばそのような盛況な状態が続いたようである。実際彼は、先にもとりあげた文章の中で、「（7年間で）私の伝道集会は二二、三六〇回を重ね、それを聞いた人々は述べ一三八、〇〇〇人を数えている」（Allchin 1900, 297）としており、幻燈伝道集会の様式で、多くの人々が福音にふれ、讃美歌にふれたことを伝えている。

幻燈伝道のプログラムがどのようなものであったか、今のところ資料が見つかっていないので不明だが、彼の記述によると、だいたい一時間半から二時間程度で幻燈・説教・讃美歌で構成されていたようである。具体的な集会の運びについて、彼自身が書いている様々な文章の断片をつなげてみると、観客はまず入り口で「これらのお話が書いてある素敵なトラクトを、いずれも一セント[6]で買い」、会場に入る。そして集会が始まると、まず、幻燈が映され、それにちなんだ説教があり、その説教中に「ちょうどよいところで1、2曲の讃美歌を紹介」した。一方観客は、先ほど購入したトラクトを「絵（スライド）と説教を深く味わう助けとした」という（Allchin 1900, 298）。

写真：トラクト表紙：Allchin, George, “What's in a Name” The Japan Mission News of the A.B.C.F.M. Vol. IV, No.6 (1901 March), p.93 より転載

もっとも中には遅れて入ってくる者がいて（それは、上流階級の者に多かったそうだが）、彼はそのようなものに対し、「最も愚かなのは、単に映写会としてこの機会を浪費することである」と容赦が無い。

遅れてきて「もう一度幻燈を上演してほしい」と願ったが、それを彼はもちろん「丁寧にお断りした」(Ibid, 300)。

なぜなら、「私が行くのは、何よりもキリストの真実に彼らの良心を開かせるためです。ですから、彼らの耳に福音が鳴り響いた状態で彼らを去らせなくてはなりません。すべてのことが、まじめな感情を定着させるために企画されているのです。彼らの多くは、説教のためではなく、絵(幻燈)のために集まっています。しかし、後には彼らの心に「小さな細い声」が響いていなくてはなりません。」(Ibid.)とオルチン自身が言うように、彼にとって幻燈伝道はあくまでも説教の延長線上にあったものである。そのため、伝道集会の最後を幻燈が締めくくることはなく、彼はどんなに魅力的な上演を行なっていたとしても、最後に説教で締めくくるようにしていたと考えられる。このあたりに観客との認識のズレがあり、内心忸怩たる思いがあったようだ。

幻燈が流行したのは、明治十年代半ばごろから三十年代半ばまでと言われ、そのピークは二十年代、ちょうど日清戦争(1894 - 1895)の時代であるという(岩本 2002, 165,176)。

明治七年に再渡来した幻燈は、マジックランタンと呼ばれ、すでに一〇〇年の歴史を持つ写し絵の土壌を背景に、一般に広まっていった。初期の頃は、「写し絵」が芸能・見世物・仏話・趣味・

写真：トラクト「ほととぎす」“日本版放蕩息子”挿絵：Allchin, George, “For Young People : Preaching With a Lantern in Japan”. The Missionary Herald of the A.B.C.F.M. 1900 July, p.297 より転載

道楽を扱っていたのに対し、「幻燈」が化学・歴史・地理・教育・道徳を扱うものであり、西洋幻燈と写し絵はジャンル上でゆるやかな住み分けができていた。当時の日本において「幻燈」は庶民の娯楽としての興行の面と、教育の面の両方で受け入れられていたものである[7]。

特に、幻燈の流行のピークであった明治二十年代には、「教育幻燈[8]」を初めとした教育分野での活動と並んで、奇術師たちによって以前からの「写し絵[9]」の文化を引き継いだ興行としての幻燈上映が行われるようになっていた（岩本 2002, 176）。

オルチンの報告書に「初期の私の伝道旅行は大人の観衆を集めるのが大変でした。というのも、普通学校においては幻燈というのはほとんどが〝おもちゃ〟であり、子供に夜のおたのしみとして与えるものだからです。人々ははじめ、私のやる幻燈がそれとはまた違うものであるということがわかりませんでした。しかしある夜、彼らはその間違いに気付きました。それからはいつも、多くの男女が参集するようになったのです。」(Allchin 1900, 297) とあるのには、そのような背景があったからであろう。

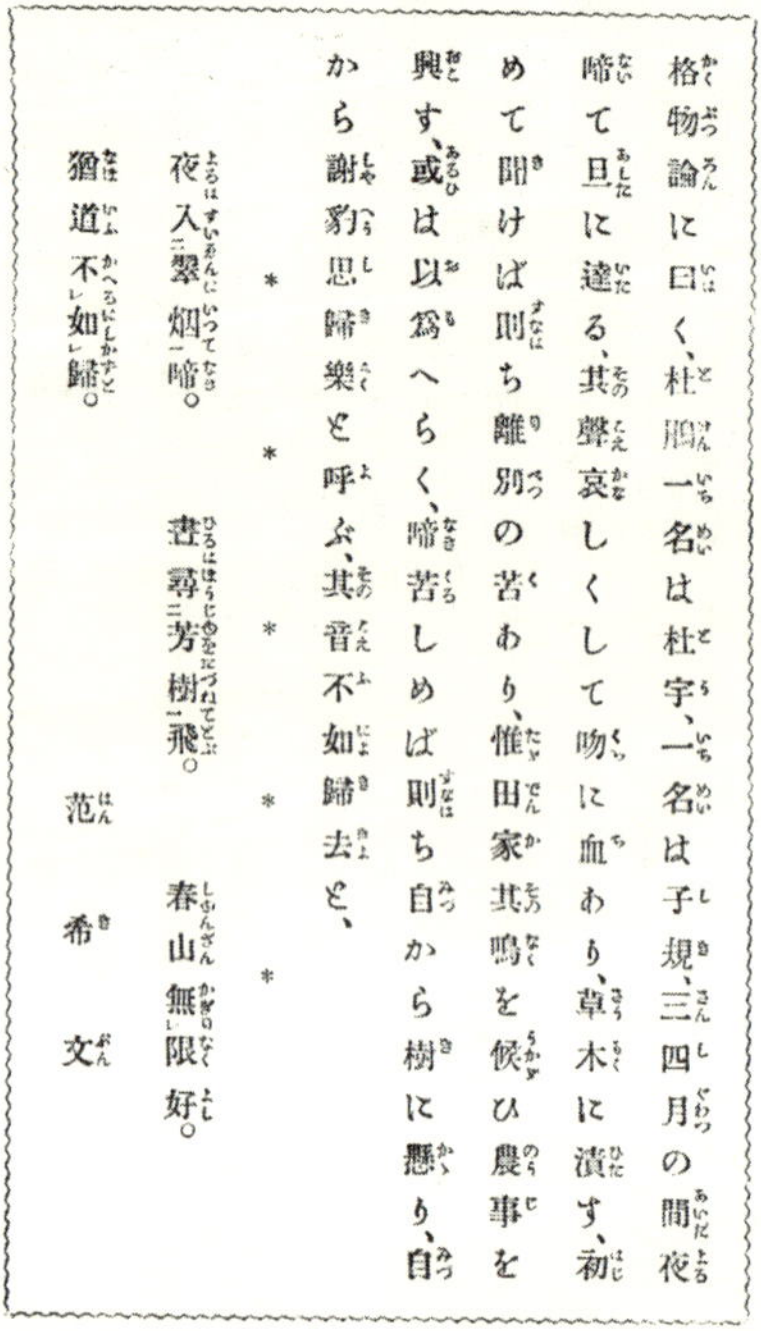

格《かく》物《ぶつ》論《ろん》に曰《いは》く、杜《と》鵑《けん》一《いち》名《めい》は杜《と》宇《う》、一《いち》名《めい》は子《し》規《き》、三《さん》四《し》月《ぐわつ》の間《あひだ》夜《よる》啼《ない》て旦《あした》に達《いた》る、其《その》聲《たえ》哀《かな》しくして吻《くつ》に血《ち》あり、草《さう》木《もく》に漬《ひた》す、初《はじ》めて聞《き》けば則《すなは》ち離《り》別《べつ》の苦《く》あり、惟《たゞ》田《でん》家《か》其《その》鳴《なく》を候《うかゞ》ひ農《のう》事《じ》を興《おこ》す、或《あるひ》は以《お》爲《も》へらく、啼《なき》苦《くる》しめば則《すなは》ち自《みづ》から樹《き》に懸《かゝ》り、自《みづ》から謝《しや》豹《へう》思《し》歸《き》樂《らく》と呼《よ》ぶ、其《その》音《たえ》不《ふ》如《によ》歸《き》去《きよ》と、

＊　＊　＊　＊　＊

夜入二翠烟一啼《よるはすいゑんにいってなく》。　晝尋二芳樹一飛《ひるははうじゆをたづねてとぶ》。　春山《しゆんざん》無レ限《かぎりなく》好《よし》。

猶《なほ》道《いふ》不レ如レ歸《かへるにしかずと》。　范《はん》希《き》文《ぶん》

写真：トラクト「ほととぎす」日本版放蕩息子本文
（神戸女学院大学図書館所蔵）

さて、実際の幻燈伝道集会の効果であるが、いくつかの美談が残っている。オルチンが幻燈伝道旅行に持っていったレパートリーの全容は定かではないが、後に詳述するオルチン・オリジナルの「ほととぎす（放蕩息子の物語）[10]」や、既成であってもオルチンの演る「天路歴程[11]」は特に観衆の感動を誘うものであったようだ。

ある宣教師は、京都西陣で行われた「ほととぎす」を見た一人の若者の改心を、劇的なタッチで報告している。当然、その若者は「ただ放蕩に身をゆだねた人生」を歩む日本版の放蕩息子である。彼は、「肉体的・道徳的には、どうしようもない者であったが、ただ好奇心から伝道集会に来た」ところが、その内容に感動し、改心したという (Learned 1900, 57-58)。

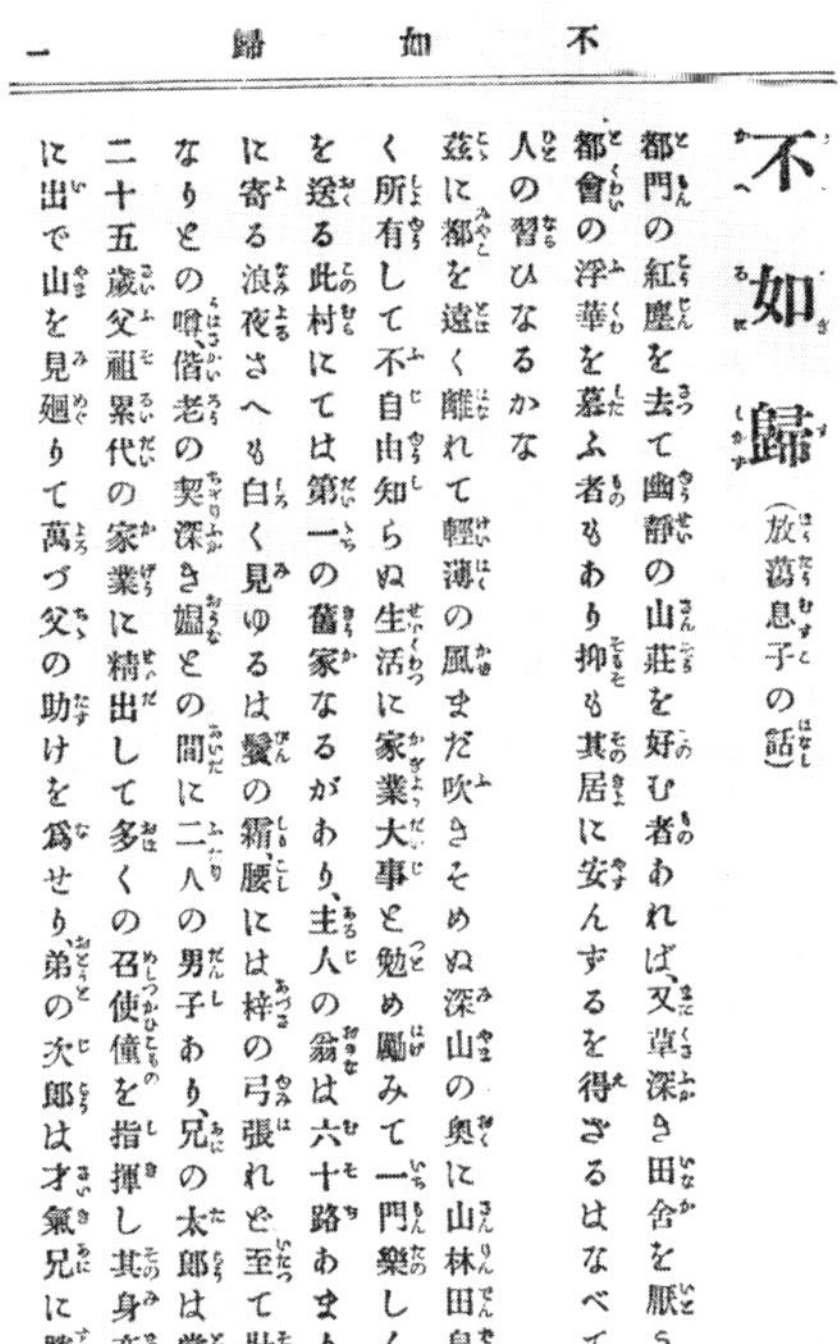
不　如　帰　一

不如帰《ほととぎす》（放蕩息子《はうたうむすこ》の話《はなし》）

都門《ともん》の紅塵《こうぢん》を去《さつ》て幽静《いうせい》の山荘《さんさう》を好《この》む者《もの》あれば、又《また》草《くさ》深《ふか》き田舎《いなか》を厭《いと》うて都會《とくわい》の浮華《ふくわ》を慕《した》ふ者《もの》もあり抑《そもそ》も其居《そのきよ》に安《やす》んずるを得《え》ざるはなべての人《ひと》の習《なら》ひなるかな

茲《こゝ》に都《みやこ》を遠《とほ》く離《はな》れて輕薄《けいはく》の風《かぜ》まだ吹《ふ》きそめぬ深山《みやま》の奥《おく》に山林田畠《さんりんでんぱた》多《おほ》く所有《しよいう》して不自由《ふじいう》知《し》らぬ生活《せいくわつ》に家業大事《かぎやうだいじ》と勉《つと》め勵《はげ》みて一門《いちもん》樂《たの》しく日《ひ》を送《おく》る此村《このむら》にては第一《だいいち》の舊家《きうか》なるがあり、主人《あるじ》の翁《おきな》は六十路《むそぢ》あまり額《ひたい》に寄《よ》る浪夜《なみよる》さへも白《しろ》く見《み》ゆるは鬢《びん》の霜《しも》、腰《こし》には梓《あづさ》の弓《ゆみ》張《は》れど至《いたつ》て壯健《さうけん》なりとの噂《うはさ》、偕老《かいらう》の契《ちぎり》深《ふか》き嫗《おうな》との間《あいだ》に二人《ふたり》の男子《だんし》あり、兄《あに》の太郎《たらう》は當年《たうねん》二十五歳《さい》父祖累代《ふそるいだい》の家業《かげふ》に精出《せいだ》して多《おほ》くの召使僮《めしつかひもの》を指揮《しき》し其身《そのみ》亦《また》野《の》に出《い》で山《やま》を見廻《みめぐ》りて萬《よろ》づ父《ちゝ》の助《たす》けを爲《な》せり、弟《おとうと》の次郎《じらう》は才氣《さいき》兄《あに》に勝《すぐ》れ

また、オルチン自身の報告では、刑務所で「天路歴程」を見たある婦人の話がある。その夫人は看守の妻であったが、近所

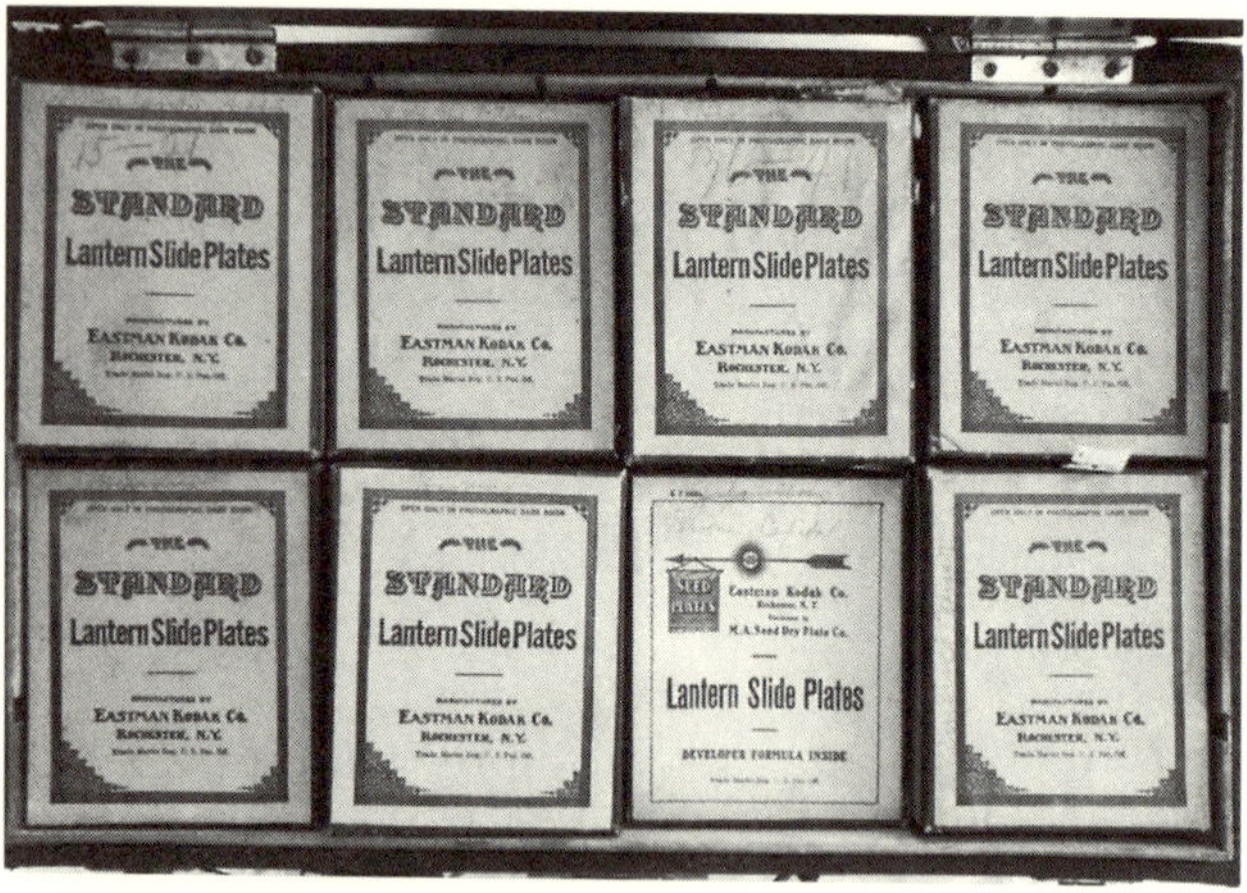

写真：神戸女学院で保管されていたスライド箱：神戸女学院蔵

の心無い噂の種にされている女性であった。しかし、「天路歴程」を見てすぐに、「自分はキリストにつながりたい」と夫に懇願し、今では彼等の家が家庭集会の会場となった、というものである（Allchin 1901b, 100）。

このような話は他にもいくつかあるので、おそらく日本人にとって、その内容は無関係な異国の物語というよりも、日常的な自分の生活や自分自身を振り返る契機となるような、身近なものであったに違いない。実際、何かの興行を見に来るようにやってきた観客は、珍しい外国人が、珍しい異国の話を、珍しい幻燈をもってやって来る、ということにまずは、興味津々であったはずである。そして、それが人々の日常の様々な想いをなぞるような内容であり、オルチン自身も幻燈伝道の中にこれから見るような、伝道成功のための工夫をあれこれ凝らしたおかげで、「彼（オルチン）は幻燈によって、いつでも観衆を得ることができるのです」（Turrey 1898, 8）という評価を得るものとなっていたのであろう。

3　台本としてのトラクト「ほととぎす」「世はなさけ」

彼のレパートリーには様々なものがあったようである。彼自身の言葉によると、「パウロの生涯」「ヨセフの生涯」「天路歴程」といった市販のものと、聖書のたとえ話を題材としたオルチンのオリジナル作品「ほととぎす」「世はなさけ」が確認される。中でも最後にあげた二つはオルチン自身が「そのたとえ話には国籍を超えた学びがあり、地球上の全ての人間性が教えられていて、私の最良のトピックであり、それからできあがったものである。」と自負するほどのものであり、彼の幻燈伝道には欠かすことの出来ない重要なレパートリーとなっていた（Allchin 1900, 298）。特にこの「ほととぎす」「世はなさけ」というタイトルには、オルチンの日本におけるミッションへの思い入れがこめられていたものだった。ここでは、幻燈の台本ともなった二つのトラクトに焦点を当てる。

この二つの作品の底本になっている聖書のたとえ話はそれぞれ、「ほととぎす」が「放蕩息子」であり、「世はなさけ」が「善きサマリア人」[12]である。「世はなさけ」が「善きサマリア人」であるのは、おぼろげながら想像できるにしても、まず、不思議に思われるのが、「ほととぎす」がなぜ「放蕩息子」なのかであろう。その命名について、オルチンは「名前に何がこめられているか」と題し、彼の宣教そのものへの大胆な考え方と共に、ミッション・ニュースで詳しく述べている(Allchin 1901a)。

まず、彼は「ほうとうむすこ」という響きと「ほととぎす」という響きがたまたま似ていること、そして、「ほととぎす」という鳥が、日本において古くから文学に登場していたことをあげている。英国の読者はカッコウ(ほととぎす)は喜びと、明るい希望を想起するが、日本では「五月から七月の間、カッコウは悲しく夜通し鳴きつづけます。そして、ほんのちょっと留守にしただけなのに、その巣に戻ることを強く憧れるのです。」これが、「ほととぎす」という名前を「放蕩息子」にあてた直接の理由となった。また、日本の知識人にとっては、「ほととぎす」というのは、詩情をかき立てるものだったようで、その漢字表記である「不如帰(かえるにしかず)」が、放蕩の限りを尽くし、帰るに帰れない放蕩息子の心情と重なるものであったことが理由にあげられている。さらに、徳冨蘆花《とくとみろか》(1868~1927)の小説「「不如帰(ほととぎす)」の影響についてもふれおり、その小説に色調がただよい、あわれを誘うものであるのは、タイトルにこの名前がついているからだとし、「日本人の読者は、カッコウが鳴くのは彼がその悲しみを歌っているといって、いつも悲しく哀れな気持ちになるのである」(Ibid., 93)と、自身のトラクトのタイトル決定へと導く要因となった日本人の文化的・情緒的背景が説明されている。

写真：箱の中の讃美歌スライド例：神戸女学院蔵

一方の「世はなさけ」であるが、これは有名なうた「旅は道連れ、世はなさけ」から取られている。「旅に欲しいのは道連れである。一方、世の中を渡っていくには、同情心が必要だ」と彼は英訳を記しており、後半部分に「善きサマリア人」との共通項を見出した。その理由として、「キリストこそが、偉大な同情者であり、救い主」であり、「善きサマリア人」のたとえ話に出てくるような、他者を哀れみ、助けようとする精神は、キリスト教の特性であるとする(Ibid., 94)。

そして、この二つはセットで、「ほととぎす」は「父なる神の愛」を「世はなさけ」は「人類の兄弟愛」という、キリスト教の中で重要な要素である「愛」を具体的な側面から示すものとなっていた。

そしてオルチンは他にもこの二つのトラクトで、様々な工夫や実験を試みていた。まずその翻訳についてであるが、「ほととぎす」は簡単な文語体で翻訳し、「世はなさけ」では口語体での翻訳を行っている。この理由として、前者は「学校の生徒が楽しめて理解でき、同時に教育を受けた階級の人々にも理解できるように」するためであった。また後者については、オルチン自身が「口語文の実験」と語るように、「日本の教育熱は盛んで、大多数が簡単な読み書きができる。しかしそれでも、特に田舎では、未だに口語によるだけの男女が大勢いる」という事情からであったという（Ibid.,94）。

さらに、「（日本人に）特に教訓になるのは、これら二作品の図柄が日本の生活を描いたものであり、彼らの生活状況を踏まえてかかれている」（Ibid., 298）というように、図柄もストーリーそのものも、聖書の中のたとえ話をそのまま移すのではなく、日本の日常生活の中に置き換えて描く工夫がほどこされていた。特に「ほととぎす」の場合では、「放蕩」と呼ばれる行為が日本の生活文化における「放蕩」に置き換えられていたという（Ibid. 94）。

とはいえ、これら二つのオリジナル作品が、幻燈スライド・トラクトともにどのようなものであったのか、現在までの筆者の調査では実物が見つかっておらず、また、それを見た日本人による報告も未確認である。手がかりは、本稿で載せている写真（トラクト　95頁）のみで、日本の風物を取り入れた図柄であったことを想像するしかない。したがって、実際にどれほどの共感を持って受け入れられたのか、客観的な意見としては、今のところは他の外国人宣教師による報告に頼るしかないのである。この点については、幻燈伝道の行われた頻度や規模、また幻燈伝道そのものの形式が他の宣教師や宣教地においてもなされていたのかなど、さらなる調査が必要であろう。

4　宣教とエンターテイメント

トラクトなどへのオルチンのこのような日本の風俗や、文化的背景を積極的に取り入れていこうという宣教姿勢は、現場で活動する実際的な必要にから生まれてきたものである。オルチンは従来のトラクトの読者に対する想像力の欠如、配慮の無さを、ビールやたばこ、歯みがき粉などといった工業製品の、当時のポスターや宣伝文句などと比較して痛烈に批判する。(13)「放蕩息子」や「善きサマリヤ人」という旧来のタイトルを「ほととぎす」や「世はなさけ」に置き換えたのも、そのような考え方の延長線上に位置づけられる。(14) そしてさらに、オルチンは伝道の戦略として、日本人が「ほととぎす」や「世はなさけ」と聞いて連想する、様々な心象風景を想定し、そのような前提とも先入観とも言える感覚を利用できることを狙って、それぞれのタイトルをつけ、トラクトを制作し、幻燈伝道を実行していったのである。同様に、絵の題材を日本の風俗に求め、放蕩の内容を日本の放蕩に置き換えたうえに、翻訳の記述方法を文語と口語を使い分けて使用したところなどからは、彼がどのような人々に向かって宣教するのか、具体的に想定し、明確にターゲットを絞り込んでいたことがうかがえよう。

もちろん先述したように、当時の最新メディアであった西洋幻燈が、「写し絵」をはじめとしたそれまでの日本の芸能とあいまって、一般の観衆にとって比較的なじみやすかったということは有利にはたらいたにちがいない。また、西洋幻燈と呼ばれるものが、ヨーロッパで禁酒運動や宗教団体の講演などと一緒に用いられていたこと、カヴァーしていたジャンル[15]が教育的・宗教的なものが多かったことも、オルチンに幻燈を宣教のアイテムとして選ばせた背景にあるとも考えられる。

いずれにせよ、彼の幻燈伝道の成功は、アメリカ本土へも伝わり、ミッショナリー・ヘラルド一九九〇年七月号の記事「日本における幻燈伝道」は、一八九九年一一月二七日付けのバートン博士（Dr.Berton）からの手紙での依頼によるものであったと考えられる。博士はそこで、「あなたは独自の仕事をなさっているようですね。でも実際の影響力がどんなものか、その評価を知りたいのです。信仰的に興味深いあなたの仕事について、どのようなものか知らせて欲しい」と書き、幻燈伝道の詳細について報告を促している(Berton, 1899)。実際、オルチンの幻燈伝道を真似て行った他の宣教師もおり、本国でもオルチンのやり方が模倣されたということも言われている。他の宣教地域でも幻燈伝道は行われたということも聞くが、いずれも詳細は未確認であり、したがって国ごとに幻燈伝道に使用されるレパートリーが同じであったのかどうか、現時点では不明である。

しかしながら、少なくとも日本においては、幻燈伝道集会はオルチンの考えに基づいて演出され、「人を惹きつけ、楽しませる」という点においては、興行と共通していたといえるだろう。そしてそれが人々に広く受け止められたのには、今まで見てきたように彼自身に意識的・無意識的にはたらく、ある種の興行的センスが具体的な宣教活動に展開していたことを示している。

さて、オルチンの幻燈伝道についての調査の初めとして神戸女学院資料室を訪れ、オルチンの幻燈伝道に関する文献を調べるうち、小さな黒い箱にぎっしりと詰まった幻燈のガラス製のスライドを見つけた。かつて女学院の中高部事務長を務めた大仁光太郎（だいじん こうたろう 1911-

1998）氏が亡くなった際、その遺族が女学院に寄贈し、そのまま院長室に保管されてきたものらしい。資料室に写されてきたのは、つい最近、夏休み前のことだという。

これらのスライドが長年しまいこまれていたのだろうと思われるのは、割れたり、黴が生えてしまっているものがある一方で、無事なスライドの場合はほとんど退色していないからである。戦災・震災と、いくどかの危機を乗り越え、目の前に現れたガラス板には日本や外国の名所や風物、記念撮影の集合写真やスナップ写真のようなもののほかに、いかにもアメリカ史などの授業で使われたと思われる偉人や歴史的建造物などが描かれている。程よくカラーに色づけされたそれらの写真絵は、かえって瑞々しい。

そして、そのような写真絵スライドに混じって、いっそうの鮮やかさで迫ってくるのが、讃美歌の歌詞の挿絵スライドである。右側に歌詞が、左側にはよく「聖書物語」などの絵本で見かけるような重厚な絵が描いてある。美しいえんじ色と深いブルーのコントラスト、夜の風景を描いたであろう青みの強い紫色は、今映写しても新鮮にちがいない。これらの挿絵と歌詞が一緒になったスライドは、英語の歌詞をつけた楽譜と対にもなっている。当時の礼拝では、その楽譜を写しながら、傍らで歌詞を連想させる挿絵を写し、日本語歌詞を追わせたのであろうか。いずれにせよ、幻燈伝道や幻燈を使った集会の詳細については、依然として不明なところが多い。

しかしながら、幻燈をめぐって存在したと考えられる様々な音楽の場というのは、日本における初期の西洋音楽体験の場としては、非常に重要な場であったと考えられる。特に、オルチンによる幻燈伝道旅行は、地方にも足を伸ばしており、当時多くの庶民にとって初めて福音を聞く機会であり、讃美歌や聖歌といった西洋音楽を生で聞き、歌う機会となっていた。そのような人々に、オルチンは一方的に教理を押し付けていくのではなく、対象へ深く入り込み、逆に多くを受け取りながら独自の宣教手段を作り上げていった。

日本における幻燈伝道については、今後明らかになるにつれて、日本の西洋音楽受容のみならず、興行文化についての新たな側面を明らかにするきっかけとなるものであろう。それが同時に、現代日本のプロテスタント・キリスト教文化につながる礎を語るものとなれば、オルチンの伝道活動は、今も私たちを惹きつけてやまない。

興行としての宣教　注

（1）オルチンからの報告をもとにした、ミッショナリー・ヘラルドの編集者による「日本における問題」と題した小さな文章より。

「〔オルチンはいうには〕人々が、数々の絵に彩られた講演会〔幻燈伝道集会〕には誘い合ってくるものの、日曜日にやってくるのは、ほんのわずかである。人々が考えていることは、ほとんど世俗的な関心からであり、クリスチャンの信仰を表明している者は、新しいもの、そしておそらくは、より良くまたより神聖な生活へと向かおうとする衝動を必要としているのだ。」（MH. 1987 March, 92）

（2）オルチン自身による、七年間にわたる地方への幻燈伝道旅行の報告による。

「唯一、私の良心に最も反するのが、〔伝道礼拝であるにもかかわらず〕チケットを販売するということである。この方法以外に、人々が会する劇場の莫大な利用料金を支払う手段がない。その夜であった八〇〇人のノンクリスチャンの人々のうちの一人は、福音を聴くために料金を支払ったというのが、私には不思議な感じがした。通常のやり方では、人々の間に充分な無料の整理券を配るようにしている。」（Allchin 1900, 300）

（3）神戸女学院音楽科の主任であったタレー女史（Elizabeth Torrey, 1848-1922）の報告による。

「三月一日には、オルチン師が幻燈をたずさえておいでくださり、『善きサマリア人』を目と耳を通して講演してくださいました。その礼拝やスライドやお話がどのようなものであったかを口で言うのは難しいものです。彼の『ナント　ムジヒナ　カンヌシデハ　アリマセンカ!』〔何と無慈悲な神主ではありませんか〕という言葉には、ちょっとしたスリルがあり、みんなはその日に何度も言い合うほどでした。」(Torrey 1898, 8)

(4)「この時期〔一八九六年ごろ〕の宣教師たちの最大の痛恨事は、またしても『決裂』であった。しかもこのたびは教派を同じくする者同士の間のそれで、同志社からの宣教師たちの総辞職という結果を生む。—中略—当時日本の世論には、一八八九年に条約改正交渉が破綻し以来、とみに排外的国粋主義の感情がたかまっていたが、この傾向は教会の中にも及び、日本独自のいわゆる『新神学』の興隆を招いていた。」(若山 1999, 130)

(5)このようにしてオルチンは、「この九州旅行では一、三〇〇マイルを移動し、三一回の集会を持ち、延べ一五、〇〇〇人以上に上る聴衆に福音を述べ伝えた。このうちの優に一三、〇〇〇人は初めて福音にふれた者たちであり、このような出来事は聞いたことはないだろうけれども、幻燈が彼らを魅了したのである。」(Allchin 1897, 246)

(6)2銭。九七頁写真参照。

(7)教育面での幻燈の使われ方としては、学校教育において明治一三年ごろ文部省の推奨によって「教育幻燈」として師範学校に配布されたり、同時期には夜学において掛図やテキストの代わりに用いられたりしていた(岩本 2002, 127-139)。そして、日清・日露の両戦争〔一八九四年から一九〇五年）を経て、「幻燈は絵そのものが伝達や鑑賞の対象になるよりも、集団で見る行為、集団で聞く行為の共同体験が新聞・雑誌とは異なる場」をもたらし、「識字率の低い集団や、読書週間のない人々へのプロパガンダとして、あるいは地域社会の連帯感を高める公的メディアとして、幻燈は娯楽と教育とを兼ね備え」るようになっていったという（岩本 2002, 66）。

(8) 注7参照。

(9)「江戸写し絵」は都屋都楽《みやこやとらく》という写し絵の興行師によって、享和3年（一八〇三年）に始められたとされている。絵が動き、子供たちに人気があった（岩本 2002, 89）。以前から、日本には影絵芝居や覗機関《のぞきからくり》など、様々な「影を使った」芸能があり（岩本 2002）、その中で育っていた技術や観客が修練されて、「江戸写し絵」を劇場芸能として支えていたと考えられる。

(10) 新約聖書ルカによる福音書一五章一一〜三二節による。

(11) ジョン・バニヤン（John Bunyan 1628-1688）の小説。The Pilgrim's Progress.

(12) 新約聖書ルカによる福音書一〇章二九〜三七節による。

(13)「魅力のない表紙と、わずらわしいタイトルのために、多くのトラクトが本屋に売れ残っている。トラクト作家は、一人の観衆を獲得することができるか、まして礼拝ができるか、などといった宣教への想いや苦心もなく、想像もできないのだ。—中略— ビールやタバコや歯磨き粉といった工業製品の魅力的なポスターやけばけばしい看板は、一人でも多くの人の目を引き、購買意欲をそそろうと国中にあふれているというのに。—中略— 今やキリスト教の出版界は目を覚まし、宣伝広告にもっと経費を使うべきである。」(Allchin 1901a, 92)

(14)「〔デフォレスト博士による〕『放蕩息子』や『善きサマリア人』の二つのトラクトが出版されたのは、それほど昔のことではないが、前者は『ホウトウムスコ』という比較的合ったタイトル翻訳がなされている。〔しかし、〕『善きサマリア人』の方は、一般の日本人にとっては、何の意味も成さずにそのまま用いられている」(ibid.)

(15)「〔一九世紀末の〕禁酒運動や宗教団体による幻燈上映は講演と一緒になっており、強いメッセージ性を持っていた」(岩本 2002, 60)「〔一九一〇年代前半の英国のスライド販売のカタログによると〕題材としては、『旧約聖書』『新約聖書』『寓意的な聖書物語』『聖人物語』『英国教会史』『教会暦』『ユーモア』『絵入り式辞集』『実物モデル集』(禁酒ほか)、『無声の法話』『旅行と説明』『賛美歌集』等、いくらでもリストは続いていく」(岩本 2002, 63)

参考文献表

執筆者不明（anon.）の文章の場合、本文中では、雑誌の別（MH：The Missionary Herald of the A.B.C. F.M. もしくは MN：The Japan Mission News of the A. B. C. F. M.）と発行月を明記し、必要に応じて頁数を表記している。

Allchin, George, 1897. "Preaching With a Lantern". The Missionary Herald of the A. B. C. F. M. 1897, June, pp. 244-246

Allchin, George, 1900. "For Young People : Preaching With a Lantern in Japan". The Missionary Herald of the A.B.C.F.M. 1900 July, pp. 297-300

Allchin, George, 1901a."What' s in a Name" The Japan Mission News of the A. B. C. F. M. Vol. IV, No. 6 (1901 March), pp. 92-94

Allchin, George, 1901b. "Bunyan still Preaches" The Japan Mission News of the A. B. C. F. M. Vol. IV, No. 6 (1901 March), p. 100

Dr. Berton., 1899. Letter to George Allchin, 27 November, 1899. 若山晴子による研究ノートより

Leaned, H. Florence, 1900. "A Prodigal Son" The Japan Mission News of the A. B. C. F.

M. (1900 July/ August), pp. 57-58
岩本憲児、『幻燈の世紀 —— 映画前夜の視覚文化史 ——』森話社、二〇〇二年。

Torrey, Elizabeth, 1898. "Kobe College". The Japan Mission News of the A. B. C. F. M. Vol. I, No. 3 (1898 May), pp. 7-8
若山晴子「ジョージ オルチン師と讃美歌 —— 米国伝道宣教師文書を中心に ——」『「新撰讃美歌」研究』(神戸女学院大学『新撰讃美歌』研究会編) 新教出版社、一九九九年。

若山晴子「ジョージ・オルチンに関する研究ノート」私家蔵。

The Missionary Herald of the A. B. C. F. M. anon. 1897 March, p. 92 "Editorial Paragraphs : Matters in Japan".

あとがきにかえて

「はじめに」で触れていなかったので、本書に収められた二つの文章の関連について、まずは説明したいと思います。一七世紀から一八世紀にかけて英国で活躍したウェスレーと、禁教の高札の影響が色濃く残る一九世紀末日本に宣教師として渡ったオルチンに、共通点があるというのも不思議なものです。しかし、私を惹きつけたのは、まさに二人の共通点でした。

二人は宣教に燃え、失敗も繰り返しながら、「人を惹きつける（エンターテイン）手段」について、共通の見解を持っています。それは例えば、ウェスレーは当時のエンターテイメントであった「レスリング」や「熊使い」や「闘鶏」が、どんなふうに人を惹きつけているかを観察し、その方法を取り入れましたし（45頁）、オルチンの場合は、一目で人を惹きつけて離さない歯磨き粉やらのポスターを、見た目もぱっとしないトラクトと比べて手厳しく批判します（112頁注13）。それは、両者が文化を共有していない人々のところに飛び込んで、いかにして伝道していくかという困難さに直面していたからでしょう。また、二人が讃美歌を歌ったり伝道集会を開いたりするにあたって、最後に歌われる歌詞やプログラムの最後の部分を特に重要視していたというのも、時代や場所が違っても同じチャレンジをしていたのだということを象徴的にあらわしているものと思われます。記憶を扱う教育心理では、もっとも覚えこませたいことを教えるタイミングは、話の始めと終わりがよいと実証されていますが、彼らは経験から、このことを学びとっていたのですね。きっと、同じ経験を持つ読者の方も多いのではないでしょうか。

二人の仕事を通して改めて感じたのは、私たち日本人の信仰者の讃美歌にも、初期のメソディストと同様、二つのルーツがあるということでした。オルチンは、開国後比較的早く日本宣教に乗り出していた各宗派の讃美歌を収集・整理し、日本初の共通讃美歌である『新撰讃美歌』を出版しています（一八八八年）。この讃美歌集も、かなり収集できた時点でオルチンの家が火災になり、また収集からやりなおさなくてはいけなくなるというアクシデントを乗り越えての完成ですから、並大抵の苦労ではなかったろうと思えます。私たちは、このようなオルチンの労作であり悲願でもあった「日本の讃美歌」の伝統と、メソディスト派をはじめバプテスト派、ルター派など、各教派のもつ伝統をルーツにもっています。今日の私たちは、そのルーツと伝統の上に、現代に生きる者だからこそもつ課題、私たちの時代や社会が必要とする言葉が歌となり旋律となって、それぞれの土地で新しい讃美歌を生みだしている時代です。

ついこの夏、仕事で初めてテキサス州のオースティンに行く機会がありました。「テキサスは、何で有名なの？　何か、名物とかある？」とアメリカの友人に聞くと、「バーベキューだね。それから、音楽。オースティンは、テキサスの他のどの街とも違って、音楽がすごく有名なんだ。」という答えが返ってきました。アメリカ育ちの日本人の彼のいう「音楽」が、カントリー・ミュージックやライブ・コンサートであるのは行ってからわかったことです。夜、街に食事に行くと、いろいろなところでライブを待つ人たちの列を見かけました。有名なバーベキューのお店の二階にもライブスペースがあり、ミュージシャンが楽器を持って上がっていくのに何度か出くわしました。

そんな街で日曜日に訪れた教会は、講壇の中央にドラムセットが常設してあり（次頁写真）、まさに「ステージ」です。平日はライブハウスで歌っているに違いない讃美リーダーたちが、会衆讃美をリードしていきます。だからと言って、語られるメッセージが革新的でも、会衆がある一定の年齢に限られているわけでもありません。若い牧師の語るメッセージは神の愛に委ねて生きる信仰を語り、それを聴く会衆は小さな子どもや子育て中の世代、またその親の世代、お年寄りまでバランス良く集まっています。服装も軽装からテキサスらしい美しいカービング（ベルトなど

ドラムセットが据えられた講壇
オースティン ニュー チャーチ Austin New Church (Texas, U.S.A)
http://www.austinnewchurch.com/

の皮製品に彫りものを施してある）のウエスタン・スタイルの正装まで、それぞれです。しかしそこで皆が歌う讃美は、私たちがイメージする「讃美歌」ではなく、「ワーシップ・ソング」でも「ゴスペル」でもなく、まさにライブの街オースティンの讃美でした。

いうまでもなく本書は、多くの方々の協力を得てできたものです。「メソディストの音楽」に関しては、まず日本大学法学部の馬渕彰先生に英国マンチェスターにあるメソディスト資料及び研究センター（The Methodist Archives and Research Centre; MARC）をご紹介いただき、二〇一一年二月に訪問する機会を得てジョン・レイランド大学図書館（The John Rylands

マンチェスターにあるメソディスト資料館。ディーンスゲイト（マンチェスター）にあるジョン・レイランド大学図書館に、メソディスト・コレクションが収められている。

University Library of Manchester）所蔵のメソディスト・コレクションを閲覧することができました。当地では、ペーター・ノックレス博士（Dr. Peter Nockles）にアドバイスをうけながら、恐ろしく古い建物に併設されている静かで現代的な閲覧室で、特別な書見台と格闘しながら、おそるおそる一八世紀の資料を繰ったものでした。

一方、オルチンの仕事については、参考文献表に挙げられている資料のみならず、当時神戸女学院資料室にお勤めになられていた若山晴子先生に、オルチン師にかかわる様々な資料情報を提供していただき、さらにご自身の貴重な研究成果をお示しいただきました。先生の几帳面な文字でぎっしりと訳された宣

メソディスト・コレクション閲覧室

教師文書は、宣教師の仕事への敬意と感謝に学問的な探究心があわさった価値ある成果です。今後日本の宣教師研究に関わる者にとっては、必ず大きな助けとなるものだと確信しています。この場をお借りして、若山晴子先生と神戸女学院にお礼を申し上げます。

さらに、私がほとんどこの仕事を投げ出しそうになっていても、根気良く励ましてくださった方々、「いつ出るの?」とさりげなく背中を押してくださった方々、出版に際し物心両面に現実的な助けの手を惜しみなく差し出してくださった方々に、主にあって心から感謝いたします。

いずれにしてもウェスレーとオルチン、二人の伝道者に出会ってから、ずいぶんと長い時間がたってしまいました。「もう少し」と思いながら、内容を付け足し付け足ししつつ細々と研究を続けてきたのですが、依然として入口あたりからもう一歩奥に踏み込むことができません。とうとう音をあげて、いったん今まで書きためた分だけを整理し直し、今後の研究への奮起としよう、としたのが本書です。

どなたかのお役にたてることを願ってやみませんが、私にとって本書は、困難に立ち向かう宣教師たちの不屈の精神力と豊かな知恵が、神様からのものであることを再確認する機会となりました。それこそが、モーセ、ゼカリアの賛歌にも現れている、聖書のいうところの「信仰とは、望んでいる事柄を確信し、見えない事実を確認すること」(ヘブライ一一・一)であり、いつまでも、どんなことがあっても残る本物の仕事であることを教えてくれました。その何よりの証拠が、私たちのささげる讃美です。

今、日本の讃美歌は「私たちの讃美」を目指し、海外の動向も取り入れながら、新しい讃美の生まれる兆しがいつになくある時期を迎えています。私たちの日常を祈りに、あるいは讃美としてささげるために、旋律や詞《ことば》が見出され、共有されるのをみながかたずをのんで待ち望んでいる時期でもあります。そのような時代に生きる私たちに、二人の遺した仕事は、どんな新しい讃美も業も神様の愛が始まりであることを、今も力強く証してくれているように思えます。

「わたしたちが愛するのは、神がまずわたしたちを愛してくださったからです。」
（一ヨハネ四・一九）

二〇一二年　慈雨の季節に

山本 美紀

本書は、以下に発表した文章に、加筆修正したものです。

「メソディストの音楽――福音派讃美歌の源流と私たちの讃美――」

日本フリーメソジスト教団『全き愛』誌二〇〇八年一月号～二〇〇九年二・三月合併号、連載「メソジストの音楽――伝統と私たちの讃美――」（全一二回）。

「興行としての宣教――G・オルチンによる幻燈伝道をめぐって――」

国際日本文化研究センター紀要『日本研究』第30集、二〇〇五年三月、二八三～二九四頁。

山本 美紀（やまもと・みき）

兵庫県生まれ。

神戸女学院大学音楽学部卒業，ウィーン市立音楽院を経て、大阪教育大学大学院 教育学研究科 芸術文化専攻修了（芸術学修士）。大阪大学大学院 文学研究科 芸術学専攻修了（文学博士）。専門は音楽学及び音楽教育学。

現在、環太平洋大学 次世代教育学部 准教授。日本フリーメソジスト教団加古川キリスト教会勧士、同奏楽者。

日本音楽学会、日本音楽教育学会、日本ウェスレー・メソジスト学会、日本賛美歌学会、各会員。

主な著書：『[改訂新版] 小学校で培う音楽の力 ―共感する心を育む―』(2012)、山本美紀 / 岡田美紀編著『幼児教育・初等教育のための音楽基礎知識と表現 ―音楽でつむぐ学びの歳時記―』(2011)（以上、ヨベル）

YOBEL 新書 004

メソディストの音楽 ――福音派讃美歌の源流と私たちの讃美

2012 年 6 月 24 日 初版発行

著　者 ―― 山本美紀
発行者 ―― 安田正人
発行所 ―― 株式会社ヨベル　YOBEL, Inc.
〒 113-0033 東京都文京区本郷 4-1-1-5F
TEL03-3818-4851　FAX03-3818-4858
e-mail : info@yobel. co. jp

DTP・印刷 ―― 株式会社ヨベル

定価は表紙に表示してあります。


落丁本・乱丁本は小社宛にお送りください。

送料小社負担にてお取り替えいたします。

配給元―日本キリスト教書販売株式会社（日キ販）
〒 162 - 0814　東京都新宿区新小川町 9 -1
振替 00130-3-60976　Tel 03-3260-5670

ISBN978-4-946565-64-9 C0016

文中の聖書本文は、『聖書 新共同訳』を使用しています。

第一期　**渡辺善太著作選**　全12冊内容

新書判・予220頁～予360頁　定価1,500円～定価1,800円

1　**偽善者を出す処**　―― 偽善者は教会の必然的現象 ――

巻頭エッセイ：齋藤孝志師

ヨベル新書 009・312頁・1,800円　ISBN978-4-946565-75-5 C0016〈発売中〉

2　**現実教会の福音的認識、他**　〈第4回配本〉

巻頭エッセイ：本間義信師

予220頁　ISBN978-4-946565-76-2 C0016

3　**聖書論 ―― 聖書正典論　1/3**　〈第2回配本〉

巻頭論文：小林和夫師

予260頁　ISBN978-4-946565-77-9 C0016

4　**聖書論 ―― 聖書正典論　2/3**　〈第3回配本〉

巻頭論文：小林和夫師

予220頁　ISBN978-4-946565-78-6 C0016

5　**聖書論 ―― 聖書解釈論　1/3**　〈第5回配本〉

予240頁　ISBN978-4-946565-79-3 C0016

6　**聖書論 ―― 聖書解釈論　2/3**　〈第6回配本〉

予240頁　ISBN978-4-946565-80-9 C0016

7　**聖書論 ―― 聖書解釈論　3/3**　〈第7回配本〉

予240頁　ISBN978-4-946565-81-6 C0016

8　**聖書論 ―― 聖書神学論　1/2**　〈第8回配本〉

予220頁　ISBN978-4-946565-82-3 C0016

9　**聖書論 ―― 聖書神学論　2/2**　〈第9回配本〉

予220頁　ISBN978-4-946565-83-0 C0016

10　**聖書論 ―― 聖書学体系論　一試論、他**

予220頁　ISBN978-4-946565-84-7 C0016

11　**聖書的説教とは？**（予定）

予360頁　ISBN978-4-946565-85-4 C0016

12　**わかって、わからないキリスト教**

予240頁　ISBN978-4-946565-86-1 C0016